# Max von der Grün
# Die Entscheidung

Erzählungen

Vereinfachte Fassung
für Deutsch als Fremdsprache



Klett Edition Deutsch

# Inhalt



Für die Vereinfachung des Wortschatzes dienten als Grundlage:
Heinz Oehler, Grundwortschatz Deutsch – Essential German – Allemand fondamental, Klettbuch 5196.
Das Zertifikat Deutsch als Fremdsprache (Wortliste), hrsg. v. Deutschen Volkshochschulverband u. Goethe-Institut, 21977.

1. Auflage 1 13 12 | 1998

Alle Drucke dieser Auflage können im Unterricht nebeneinander benutzt werden, sie sind untereinander unverändert. Die letzte Zahl bezeichnet das Jahr dieses Druckes.

Zeichnungen: Herbert Holzing, Koblenz. Vignetten: Angela Paysan, Stuttgart.
Umschlag: Edgar Dambacher, Korb.
Druck: Stuttgarter Druckerei GmbH, Stuttgart. Printed in Germany.
ISBN 3-12-559280-1

# Die Entscheidung

Der *Schweißer* Egon Witty stand vor dem Büro seines *Meisters**, er hatte während eines Arbeitstages oft da vorzusprechen, und jetzt wollte er die Zeichnungen für den Bau der neuen Halle holen, damit die Schweißarbeiten begonnen werden konnten.

Der Schweißer Egon Witty hatte Zukunft. Er war dreißig Jahre alt, verheiratet mit einer Frau, die einer bekannten Filmschauspielerin ähnlich sah, aber viel Verstand mitbrachte und viel Interesse für ihn und seine Pläne hatte; er hatte zwei Mädchen in noch nicht schulpflichtigem Alter, und er war von der *Betriebsleitung** ausgewählt, in einem halben Jahr den Posten des Meisters zu übernehmen, wenn der alte Mann *in Pension ging**.

Der Schweißer Egon Witty hatte also Zukunft.

Der Schweißer Egon Witty blieb vor dem Büro seines Meisters stehen, es gab keinen Grund, warum er stehen blieb, es gab keinen Grund, warum er nicht, wie alle Tage, sofort eintrat. Er blieb vor dem Büro stehen und sah in die Sonne.

Es war ein ungewöhnlich heißer Tag.

Was wird sein, wenn ich Meister bin? dachte er. Was wird sein? Was wird sich im Betrieb und in meinem Leben verändern? Wird sich überhaupt etwas verändern? Warum soll sich etwas verändern? Bin ich ein Mensch, der verändern will?

Er stand unbeweglich und beobachtete nachdenklich das geschäftige Treiben auf dem Platz vor der Lagerhalle, der hundert Meter weiter unter einer brennenden Sonne lag. Die Männer dort arbeiteten ohne Hemd, ihre braunen Körper glänzten im

---

*Der Schweißer* verbindet Metalle oder Kunststoffe durch Erhitzen.
* *Wörter mit * sind auf den Innenseiten des Umschlags ins Englische und Französische übersetzt.*

*Schweiß*. Ab und zu trank einer aus der Flasche. Ob sie Bier trinken? Oder Coca?

Was wird sein, wenn ich Meister bin? Mein Gott, was wird dann sein? Ja, ich werde mehr Geld verdienen, kann mir auch einen Wagen leisten, und die Mädchen werde ich zur Oberschule schicken, wenn es so weit ist. Vorausgesetzt, sie haben genug Verstand dazu. Eine größere Wohnung werde ich bekommen von der Werksleitung, und das in der *Siedlung*, in der nur *Angestellte** der Fabrik wohnen. Vier Zimmer, Küche, Bad, Balkon, kleiner Garten – und Garage. Das ist schon etwas. Dann werde ich endlich heraus sein aus der *Arbeiter*siedlung*, wo die Wände Ohren haben, wo einer dem andern in den Kochtopf guckt und der Nachbar an die Wand klopft, wenn meine Frau den Schallplattenapparat zu laut aufdreht und die Beatles laufen läßt.

Meister, werden dann hundert Arbeiter zu mir sagen – oder Herr. Oder Herr Meister - oder Herr Witty. Wie sich das wohl anhört: Herr Witty! Meister! Er sprach es mehrmals laut vor sich hin.

Der Schweißer Egon Witty sah in die Sonne und auf den Platz, der unter einer brennenden Sonne lag, und er fragte sich, was die Männer mit den nackten Oberkörpern wohl tranken: Bier? Coca?

Schön wird das sein, wenn ich erst Meister bin, ich werde etwas sein, denn jetzt bin ich nichts, nur ein Rädchen, das man ersetzen kann. Nicht so leicht ersetzbar aber sind Männer, die Räder in Bewegung setzen und kontrollieren. Ich werde in Bewegung setzen und kontrollieren, ich werde etwas sein, ich werde bestimmen, anordnen, von der Liste streichen, beurteilen, für gut befinden. Ich werde *die Verantwortung tragen**. Ich allein. Verantwortung? Verant...wor...tung?

---

*der Schweiß* – Flüssigkeit, die man beim Schwitzen verliert
*die Siedlung* – größere Gruppe von Häusern

Da wußte er plötzlich, warum er sich nicht hatte entschließen können, in das Büro des Meisters zu gehen, wie all die Tage vorher, sicher, mit dem selbstverständlichen Gefühl, hier bald der Meister zu sein. Herr! Oder: Meister!

Wie sich das anhört: Herr Witty! Meister!

Nein, dachte er, ich kann diese Verantwortung unmöglich auf mich nehmen, ich bin nicht der richtige Mann dafür, ich kann das nicht, ich habe nicht die Sicherheit des Alten; der zweifelt nie, der weiß einfach, wann was wo zu geschehen hat und auch wie. Ich muß einen Menschen haben, der mir die letzte Entscheidung abnimmt, der mir sagt, wann was wo zu geschehen hat und wie.

Ich habe Angst. Einfach Angst.

Eine saubere *Naht* kann ich schweißen, millimetergenau Eisen zerteilen, und ich kann Pläne lesen und weiß: wo, was, wie, warum, wann. Aber ich weiß nicht, ob das absolut richtig ist. Ich weiß es nicht.

Nein, ich kann diese Stelle nicht übernehmen, ich bin zu unsicher, ich müßte immer fragen, ob es richtig ist. Weil ich nun eben so bin. Ich werde dann nicht Herr heißen und nicht Meister. Kollegen werden lächeln und *Feigling* sagen. Sollen sie. In die Angestelltensiedlung kann ich dann auch nicht umziehen, das ist schade. Und die Mädchen? Noch ist es nicht so weit, kommt Zeit kommt Rat, vielleicht sind sie nicht intelligent genug für die Oberstufe. Und das Auto? Wird dann wohl nichts werden, muß weiter meine Frau auf dem *Moped* in die Stadt zum Einkaufen fahren, vielleicht reicht es zu einem Auto, wenn ich jeden Tag *Überstunden** mache. Ich kann arbeiten für zwei, ich kann gut arbeiten und schnell und sauber, aber ich kann diese Verantwor-

*Moped*

---

*die Naht* – Subst. zu: *nähen;* hier: Verbindungsstelle zwischen Metallen

*der Feigling* – ein Mann, der keinen Mut hat

tung nicht tragen, ich habe einfach Angst, eine dumme, lächerliche Angst. Vor meiner Unsicherheit? Wovor habe ich denn nun Angst?

Der Schweißer Egon Witty stand vor dem Büro seines Meisters und sah in die Sonne. Trinken die Männer dort auf dem Platz nun Bier oder Coca?

Mein Gott, wäre das schön: Meister sein. Eine gute Stellung, eine Lebensstellung, und dann mit Herr angeredet werden oder mit Meister. Meine Frau freut sich auf meine *Beförderung** – sie wird unzufrieden sein und wütend und mich einen *Narren* nennen, der nicht weiß, was er will. Sie wird mich einen Feigling nennen und einen, der den Mund dort aufmacht, wo es nicht nötig ist. Sie wird das heute abend alles sagen, wenn ich ihr von meinem Entschluß erzähle. Ich kann ihr alles erklären, alles, aber nicht, daß ich Angst habe, eine kleine idiotische Angst, sie wird nie verstehen, was Angst ist. Sie wird zu mir sagen: warum? Du kennst doch dein Fach, dir kann keiner was vormachen, du kennst wie kein zweiter dieses Fach. Soll ein Halbidiot an deine Stelle treten? Sie ist stolz auf mich, denn von überall und von jedermann hört sie, daß ich gut bin in meinem Beruf. Ich sei enorm intelligent, hat ihr der Direktor auf der letzten Betriebsfeier gesagt. Ja, sie ist stolz auf mich, sehr. Was wird sie wohl heute abend sagen? Ich sehe schon ihr erschrecktes Gesicht.

Sie wissen alle, was ich kann, der Herr Direktor, der Meister und auch meine Frau, aber sie wissen nicht, daß ich Angst habe, eine kleine dumme Angst. Ich kann ihnen das nicht sagen, nicht erklären, nicht die Gründe dafür nennen, sie verstehen mich nicht, nicht der Direktor, nicht der Meister, nicht meine Frau. Wohl kann ich eine saubere Naht schweißen, Pläne lesen und

---

*der Narr* – hier: dummer Mensch

weiß: was, wie, wann, warum. Aber ich weiß nicht, warum ich Angst habe, warum ich unsicher bin, wo ich doch in meinem Beruf für alle anderen Sicherheit verkörpere. Ich kann es ihnen nicht erklären, sie würden mich auslachen und sagen: Du bist doch kein Kind mehr. Ja, das werden sie sagen, sie werden es für eine Laune halten, sie werden glauben, ich will mich interessant machen, um vielleicht mehr *Gehalt** zu kriegen.

Dem Meister werde ich das jetzt sagen, er soll einen anderen vorschlagen, einen, der keine Angst hat und der nicht weiß, was das ist. Der Schweißer Egon Witty sah in die Sonne und auf den Platz. Die Männer dort! Trinken sie nun Bier? Oder Coca? Bei der Hitze sollten sie kein Bier trinken.

Die Bürotür schlug heftig nach außen auf, der Meister hätte Witty bald umgestoßen. Der grauhaarige Mann sah auf und lachte breit, als er Witty erkannte.

Ach, rief er, da bist du ja. Ich wollte gerade zu dir in die Halle.

Zu mir?

Ja. Du hast Glück gehabt.

Glück?

Ja, Glück. Natürlich. Am Ersten ist für mich der Letzte. Ich höre auf. In drei Tagen also. Dann bist du hier der Herr. Der Arzt sagt, ich darf nicht mehr, ab sofort, Herz, weißt du. Ich wußte ja gar nicht, daß es so schlimm steht.

Jaja, sagte Witty.

Na, Mensch, wie stehst du hier herum? Freust du dich nicht? Mir darfst du deine Freude ruhig zeigen, ich alter Mann bin hier sowieso unnötig geworden, du machst das alles viel besser. Und dann, du warst doch im letzten Jahr schon der Meister, ich habe doch nur Unterschriften gegeben. Na, Mensch, das kam zu plötzlich, verstehe, das hat dich überrascht. Was? Tolles Ding? Morgen wird gefeiert, mein *Ausstand**, und du zahlst deinen *Einstand**.

Der Schweißer Egon Witty ging. Er blieb nach ein paar Schritten stehen und sah in die Sonne und auf den Platz. Ob sie Bier trinken, oder Coca?

Ich muß umkehren und es dem alten Herrn sagen. Von meiner Angst muß ich ihm erzählen und sagen, warum ich Angst habe. Er wird mich verstehen, bestimmt, wenn mich einer versteht, dann er, denn er hat auch einmal Angst gehabt – im Krieg. Er hat es mir vor Jahren einmal erzählt, da sagten wir noch Sie zueinander. Bis zu den Knien hat er im Schnee gestanden und die Arme hochgehoben, als die Russen auf sie zukamen. Wissen Sie, was ich da dachte? hatte er einmal erzählt. Nichts dachte ich, absolut gar nichts, ich hatte nur eine schreckliche Angst. Wissen Sie, was Angst ist? Nein? Da geht es hinten und vorne los. Das ist Angst. Und warum? Weil man in dem Moment nicht weiß, was kommt. Man weiß es nicht, man hat so viel gehört und auch gesehen, aber in dem Moment weiß man nicht, was kommt. Und dann ist die Angst da. Als der erste Russe ihn auf deutsch ansprach, war die Angst weg, erzählte er damals auch. Er mußte lachen, gab ihm eine Zigarette. Das Lachen und die Zigarette nahmen ihm die Angst. Aber seine Angst ist nicht meine, mich lachen die Menschen an, sie geben mir Zigaretten, die Angst ist trotzdem da. Der Meister wird mich trotzdem verstehen. Nur wer nie Angst hatte, sagt, das sind Kindereien. Der Meister wird mich verstehen.

Egon Witty kehrte um.

Vor der Tür zum Büro blieb er wieder stehen, sah in die Sonne und auf den Platz. Trinken die nun Bier oder Coca?

Er trat ein, so wie immer. Der Meister sah auf, erstaunt, dann nahm er die Brille ab und lächelte breit.

Na? Was gibts? fragte er.

Ich... ich... ich... begann Witty. Dann sagte er fest: Ich habe die Pläne für Halle drei vergessen.

Ach so, ja, hier. Zehn Stück. Gleich in Plastik*hüllen* legen, damit sie nicht so schmutzig werden.

Der Schweißer Egon Witty wollte noch etwas sagen, aber der Meister saß schon wieder hinter seinem Tisch und schrieb.

Witty nahm die Pläne und ging über den Platz.

Die Männer dort tranken Bier.

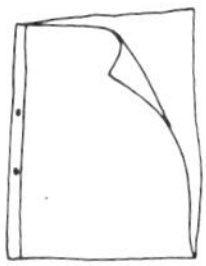

*Hülle*

*1. In dieser Erzählung sind zwei verschiedene Wirklichkeitsbereiche zusammengefügt. – Können Sie beide benennen und im Text prüfen, wo von dem einen, wo von dem anderen gesprochen wird?*

*2. Wenn Sie fünf Minuten Zeit hätten, um einer anderen Person von Egon Witty zu erzählen, was würden Sie besonders hervorheben?*

# Wenn der Abend kommt

„Du kommst spät“, sagte sie, während sie sich ins Auto setzte. „Hab schon richtige Eisfüße.“

Vor dem *Werkstor** standen noch mehr Frauen im Schnee, einige sprangen auf und ab, der Atem kam sichtbar aus ihren Mündern.

Der Mann fuhr, ohne seiner Frau Antwort zu geben, weiter. Die Lichter der Autos kamen ihm auf glänzender Straße entgegen. Die Straße war glatt wie ein Spiegel, und aus der Richtung, wo er Dortmund wußte, stieß ein gelbes Lichtband in den Himmel, in der letzten Minute des Tages, in der ersten des Abends.

„Wo kommst du denn so spät her? Ich stehe da wie bestellt und nicht abgeholt", sagte die Frau. Sie zitterte vor Kälte und Wut.

„Nun sei doch endlich still, du siehst doch, was auf den Straßen los ist. Da guck . . . guck dir das Eisband an . . . da . . . da . . ."

Ein entgegenkommender Wagen fuhr in den Graben.

„Laß doch, beantworte meine Frage, wo kommst du so spät her?" schrie die Frau wütend, denn sie hatte immer noch eiskalte Füße.

Steuer

Der Mann schrie zurück: „Wenn du jetzt noch ein Wort sagst, dann werf ich dich aus dem Wagen."

Er gab, ohne es zu wollen, Gas. Die hinteren Räder drehten durch, der Wagen zog zur Seite, der Mann *steuerte* quer, konnte den Wagen abfangen, ließ ihn ausrollen, blieb stehen. Er nahm sich eine Zigarette. Die Frau sagte nichts mehr.

„Bist du eigentlich verrückt", wandte er sich an seine Frau. „Du siehst, was auf den Straßen los ist, und fragst noch, wo ich so lange gewesen bin. *Zum Teufel,* sei jetzt endlich still."

„Entschuldige, aber fast eine Stunde bei dem Wetter warten, das macht einen mehr fertig als acht Stunden arbeiten."

„Du wartest ja nicht jeden Tag, das ist diesen Winter das erste Mal gewesen."

Der Mann merkte den Haß und die Unruhe der vielen Lichter hinter sich, die er im Rückspiegel beobachtete, aber sie konnten nicht an ihm vorbeifahren, das Lichtband von vorn war ohne Ende.

„Schließlich habe ich heute noch einen Berg Wäsche", sagte die Frau. Auch sie nahm sich eine Zigarette.

---

*Zum Teufel, ...* – zum Ausdruck von Ärger

Als der Mann abfahren wollte, klopfte es an das Seitenfenster und eine wütende Stimme sagte: „Nun fahren Sie doch mit ihrer *Scheißkarre* weiter, andere wollen auch nach Hause."

Detlev rollte langsam das Fenster herunter und sagte ganz ruhig in den Schatten neben seinem Wagen: „Du hast wohl einen kleinen Mann im Ohr. Wenn es dir zu langsam geht, dann kauf dir einen *Hubschrauber.*"

*Hubschrauber*

Langsam fuhr Detlev weiter. Im Wagen war es kalt.

„Du mußt endlich mal die Heizung in Ordnung bringen lassen", sagte die Frau. „Das kann ja kein Mensch aushalten, hier drinnen."

„Jaja", sagte der Mann.

Im Stadtgebiet von Dortmund glänzte die Straße als Doppelspiegel, und die Unsicherheit wuchs wie die Frage: Ist es Eis? Oder ist die Straße nur naß? Detlev fuhr vom *Ruhrschnellweg* ab nach Barop, und an der Ausfahrt Traumstraße waren zwei Fahrzeuge zusammengestoßen. Das Blaulicht der Polizei warnte von weitem.

„Die werden es wieder eilig gehabt haben", sagte die Frau, und der Mann rief, während er das Fenster herunterließ und den Rest seiner Zigarette in den Wind warf: „Oder einer hat auch so ein *Quatschweib* im Auto gehabt wie ich."

Dann waren sie schon fast zuhause. Die Häuser an der breiten Straße sahen eins wie das andere aus, langweilig jedes Haus und hinter jeder Langweiligkeit eine neue. Sie fuhren, bis die Langweiligkeit ein Ende hatte und ihre Häuserreihe mit neuer Langweiligkeit begann. Hinter dieser Langweiligkeit aber drehte sich ein großer, blaulichterner *Mercedesstern.* Schön war der Stern.

*Mercedesstern*

---

*die Scheißkarre* – vulgäres Wort für Auto
*der Ruhrschnellweg* – Straße, die die Städte im Ruhrgebiet miteinander verbindet
*das Quatschweib* – unfreundlich für: Frau, die viel redet

Die Frau stieg aus, lief schnell auf die Haustüre zu, hob im Laufen mehrmals das Gesicht zur erleuchteten Fensterreihe, schien zufrieden, lief aber dennoch schneller, warf die Haustüre hinter sich zu und eilte, zwei Stufen auf einmal nehmend, die Treppe hoch, öffnete auf halbem Weg den Mantel, zog ihn schon im Treppenhaus aus, klopfte heftig an die Wohnungstür, wartete schwer atmend.

Der Junge öffnete und sagte: „Ihr kommt aber heute spät. Schularbeiten habe ich schon gemacht, gegessen habe ich auch schon was, und der Briefträger war da, wollte acht Mark fünfzig haben, hatte ich aber nicht ..."

„Ist schon gut", sagte die Frau. „Komm."

*Schild*

Detlev setzte seinen Wagen auf einen langen, schmalen Platz, wo das *Schild* stand: Nur für Hausbewohner. Er stieg aus, nahm seine Tasche vom Rücksitz, schloß ab und ging einmal um den

Wagen, stieß seine rechte Schuhspitze mehrmals an die Reifen. Ein Wagen kam auf Detlev zugefahren. Der Mann im Wagen sagte: „Bin von Bochum bis hierher höchstens vierzig Stundenkilometer gefahren. Scheißwetter." „Ja, da ist man richtig fertig", antwortete Detlev, „und meine Frau schreit mich an, weil ich sie mal später abgeholt habe. Bei den Straßen. Diese Weiber."

„Diese Weiber", sagte der Mann im Wagen, „sollen sich erst mal ans Steuer setzen, bei dem Wetter. Aber die fahren ja nur im Sommer und dann wie die ersten Menschen."

Detlev stieg langsam die drei Stockwerke hoch. Er klingelte. Der Junge öffnete die Tür, und die Frau rief aus der Küche: „Hast du keinen Schlüssel? Mußt du erst die Familie nervös machen?" Der Mann gab keine Antwort. Die Frau hätte wahrscheinlich auch nichts verstanden, sie stand vor der Waschmaschine und ließ gerade Wasser einlaufen.

Auf dem Tisch in der engen Küche standen schon die Teller für das Abendbrot. Der elfjährige Junge brachte das Brot, die Frau holte aus ihrer Einkaufstasche Wurst und Käse.

Der Mann war noch einmal in den Keller gegangen, um einige Flaschen Bier zu holen. Sie aßen dann wortlos, nur die Waschmaschine war zu hören. Durch die Fenster sah man den blauen Mercedesstern, weit oben.

„Wie war's denn in der Schule?" fragte die Frau.

„Wir kamen heute schon wieder zwei Stunden früher raus", sagte der Junge. „Unsere Lehrerin ist krank. Haben nicht viel gemacht, gelesen, das Stück kennen wir jetzt schon auswendig ..."

„Die ist aber oft krank", sagte der Mann.

„Die können sich das ja als Beamte auch erlauben", sagte die Frau unzufrieden. „Wir nicht."

„Die haben überhaupt kein schlechtes Leben", sagte der Mann mit vollem Mund. „So gut möchte ich's auch mal haben, schicken die Kinder einfach nach Hause, wenn es ihnen zuviel wird."

„Ja, müßten wir auch können", sagte die Frau. „Aber unser *Betrieb** ist festgewachsen."

„Die Schule ja auch", sagte der Mann. „Der Unterschied ist nur, daß die Schule die Kinder nach Hause schickt, wenn es zuviel Arbeit gibt, der Betrieb, wenn es zu wenig Arbeit gibt."

„Red' nicht so dummes Zeug", sagte die Frau heftig. „Bisher hat uns noch niemand nach Hause geschickt."

„Habe ich auch nicht gesagt, zum Teufel noch mal, ich habe nur gemeint. Es könnte ja sein, es könnte ja einmal sein ... einfach so." Der Mann trank sein Bier aus der Flasche.

„Könnte sein. Immer: Es könnte sein." Die Frau war mit dem Essen früher fertig geworden, sie nahm vom Tisch, was nicht mehr gebraucht wurde. Der Mann und der Junge aßen noch.

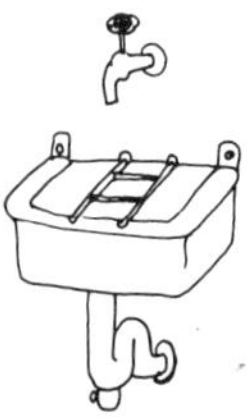

Spülbecken

„Du könntest aber auch warten, bis wir mit dem Essen fertig sind", sagte der Mann.

„Ach was. Ihr beide sitzt bis morgen früh noch hier, wenn ich euch das Brot nicht wegnehme."

Die Frau beschäftigte sich mit der Waschmaschine. Der Junge legte die Teller in das *Spülbecken* und stellte Wasser auf den Herd.

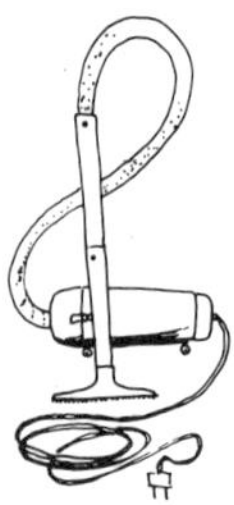

Staubsauger

Der Mann las Zeitung. Der Junge wartete, bis das Wasser kochte. Dann goß er es in das Becken und spülte ab.

Aus dem Schlafzimmer war der *Staubsauger* zu hören, vor dem Haus schlug eine Wagentür. Detlev stand auf und sah hinunter. Von rechts fiel das Blaulicht des Mercedessterns auf sein Gesicht.

„Na, was sag ich, der Bechmeier kann seinen Wagen nie auf den Parkplatz stellen. Denkt, weil er einen dicken Mercedes fährt, kann er sich das erlauben. Übler Kerl ist das ... Klaus ... könntest mir Zigaretten holen."

„Jetzt gleich, Vati?"

„Spül mal erst fertig."

Die Maschine hatte sich ausgeschaltet, die Frau kam in die Küche, nahm einzelne Wäschestücke heraus und legte sie in die *Wäscheschleuder.*

„Du brauchst deine schmutzigen Socken auch nicht immer im Schlafzimmer herumliegen zu lassen, weißt genau, wo sie hingehören. Immer muß ich euch nachlaufen, als ob ich nicht schon genug Arbeit am Hals hätte."

„Entschuldige", sagte der Mann, „hab es vergessen, kann ja mal passieren. Du machst aber aus jeder Mücke einen Elefanten."

Die Frau sagte etwas, aber ihre Worte waren nicht zu verstehen, bei dem Lärm, den die Schleuder machte. Als sie ausgeschaltet hatte, sagte sie: „Du könntest für mich einkaufen gehen."

„Wer? Ich?" fragte der Mann.

„Glaubst du, ich meine den Präsidenten?"

„Klaus kann doch gehen."

„Na laß schon, ich gehe eben selbst, wenn ich mit der Wäsche fertig bin, brauche sie ja nur noch aufzuhängen."

„Aufhängen? Wohin denn? Auf den Dachboden kannst du sie nicht hängen", sagte der Mann und sah aus dem Fenster. „Der Bechmeier ist unmöglich, stellt doch immer seinen Wagen vor dem Haus ab. Kann der ihn nicht auch auf den Parkplatz stellen wie die andern?"

„Warum kann ich die Wäsche nicht auf den Dachboden hängen?" fragte die Frau. „Ist was Besonderes?"

„Na, Wolters haben doch für diese Woche den Boden."

„Was?"

„Du bist erst nächste Woche dran."

„So ein Käse. Muß ich sie wieder ins Badezimmer hängen."

„Dann hänge sie eben ins Badezimmer. Stört doch nicht."

---

*die Wäscheschleuder* – Maschine, die sich mit hoher Geschwindigkeit dreht, so daß das Wasser aus der Wäsche herausgedrückt wird

„Du hast leicht reden. Was kriege ich da schon rein. Braucht wieder acht Tage, bis sie trocken ist. Man kann sich im Badezimmer sowieso nicht umdrehen."

Hintern

„Nun bleib mal schön ruhig. Was willst du machen? Hausordnung ist nun mal Hausordnung, mit der seid ihr Frauen doch alle einverstanden gewesen."

„Hausordnung, wenn ich das schon höre. Ich bin schließlich nicht den ganzen Tag zu Hause wie diese Wolters, die nicht weiß, was sie mit ihrer Zeit anfangen soll. Mußt dir der ihren *Hintern* angucken, wird immer breiter, und jetzt geht dieses Weib auch noch in kurzen Röcken. Daß die nicht merkt, wie unanständig das aussieht, na, mir soll's gleich sein. Und dann, hast du es gesehen, jetzt trägt sie auch noch *Netzstrümpfe*, möcht' nur wissen, was für Absichten die damit hat... mit dem Hintern... natürlich, die ist ja auch ausgeruht, und ihr Alter, das arme Schwein, durch den kann man hindurchsehen, so dünn wie der ist, der ist natürlich froh, wenn er seine Ruhe hat, wenn er nach Hause kommt, ach, ich könnte diese Art Weiber zum Teufel wünschen."

Netzstrümpfe

„Nützt doch alles nichts", sagte der Mann, „Hausordnung ist nun mal Hausordnung, und nun genug davon!"

„Und der Bechmeier", sagte die Frau wütend. „Hält der sich vielleicht an die Hausordnung. Warum stellt der immer seinen Wagen vor der Haustüre ab und nicht auf dem Parkplatz? Ist der was Besseres? Denkt wohl, weil er einen Mercedes fährt, kann er sich das erlauben. Wenn wir wollten ... aber wir wollen ja nicht, uns genügt der VW. Aber von euch Männern im Haus sagt keiner was, der Bechmeier könnte ja mal *Abteilungsleiter** werden... so ist das doch... aber seid nur zufrieden, dann wohnt er nicht mehr hier, dann hat er ein Haus für sich allein."

Die Frau legte die geschleuderte Wäsche in einen Eimer und verschwand damit im Badezimmer. Der Mann sah wieder aus dem Fenster. Der Junge war die ganze Zeit still gewesen, er trocknete die Teller ab, stellte sie in den Schrank. Man hörte, wie die Frau die Wäsche im Badezimmer glatt schlug.

Ach, was wissen die Weiber. Natürlich wird der Bechmeier Abteilungsleiter, natürlich zieht er dann hier weg, aber im Betrieb ist er nach wie vor. Und wenn der erst mal unsere Halle unter sich kriegt, dann geht es uns schlecht ... warum soll man da noch groß was sagen, jetzt, wegen des Wagens, wäre doch unklug, der macht uns später dann das Leben schwer. Laß doch die Scheißkarre stehen, wo sie steht, vielleicht bricht sich einer daran den Hals. Ich würde lachen.

„Ich geh selbst Zigaretten holen", sagte der Mann zu dem Jungen.

„Laß nur, Vati, ich muß sowieso noch gucken, was Kurt bei den Rechenaufgaben raus hat."

„Na, meinetwegen."

„Du kannst ja für Mutti einkaufen gehen."

„Ach was, soll selbst gehen."

„Aber Mutti hat doch noch die Wäsche. Bis die fertig ist, sind die Läden zu."

„Halb so schlimm, muß nicht jeden Tag einkaufen. Ich geh mal auf den Platz, vielleicht kann ich die Heizung selbst in Ordnung bringen." Der Mann ging pfeifend aus dem Zimmer.

„Klaus, Klaus, komm her, schnell!"

Der Junge lief ins Badezimmer. Die Frau war beim Wäscheaufhängen vom Stuhl gestiegen, mit einem Fuß in den leeren Eimer, stand hilflos, ein Bein auf dem Stuhl, das andere im Eimer. Der Junge lachte und machte sie frei.

„Aber Mutti, sieht nicht gut aus, Elefantenfüße."

„Du hast aber auch immer Ideen", sagte die Frau und strich ihm über das Haar. Der Junge hatte das nicht gern. Einmal hatte er gesagt: Laß das, ich bin kein kleines Kind mehr.

„Komm, wir gehen einkaufen", sagte die Frau.

Die Frau las in einem Selbstbedienungsladen von einem Zettel, den sie schon in der *Fabrik** geschrieben hatte, die Teile ab, die sie einkaufen mußte.

Als die Tasche gefüllt war, spazierte sie mit dem Jungen noch einmal durch den Laden, nur so, für nichts Bestimmtes, nur so, einmal gucken, ohne Ziel, ohne Müssen, nur so, die Sachen ansehen, nur so, nichts einkaufen, warum auch, man braucht es nicht, zu Weihnachten war das Fleisch schon bestellt, nur so, durchgehen und gucken, wie andere, die Zeit haben den ganzen Tag, wie die eine vor mir, die mit der Frau an der Kasse über das Mädchen redet, das ein Kind bekam und keinen Mann hat. Nur so.

Sie trat mit dem Jungen auf die Straße. Sie trugen beide die schwere Tasche, und der Mercedesstern war über ihnen, er drehte sich blaulichtern über dem südlichen Viertel der Stadt, die man im Süden des Landes die schmutzige nennt.

Klaus hatte einmal gemessen: In sieben Sekunden dreht sich der Stern einmal um sich selbst, das sind in einer Minute sechzig geteilt durch sieben, in einer Stunde mal sechzig ... ach was, der Junge hat immer solche Ideen.

Der Mann hatte im Wohnzimmer Feuer gemacht, es war angenehm warm, und alles roch plötzlich nach Wohnung und dem, was man Zuhause nennt.

„Muß das sein?“ fragte die Frau. „Die Kohlen werden immer weniger.“

„Na klar“, lachte der Mann. „Mehr können sie doch nicht werden.“

Der Junge saß vor dem Fernsehapparat und langweilte sich. Alles schon mal gesehen, alles schon mal dagewesen.

„Heizung ist wieder in Ordnung. War gar nicht schwer, hab den Weber geholt, der hat den Fehler gleich gefunden, der versteht was von Autos.“

„Das ist gut, ich hatte schon vor morgen Angst. Detlev, dann bring dem Weber aber auch gleich eine Flasche Bier.“

*bügeln*

„Ich denk gar nicht daran, ich hab neulich seiner Frau auch die Kohlen geholt, als er Nacht*schicht** hatte, ohne Flasche Bier.“

Die Frau hatte das Bügelbrett aufgestellt und *bügelte* vom Vortag übriggebliebene Wäsche.

„Willst du heute abend nicht fernsehen?“ fragte der Mann.

„Mal sehen“, sagte die Frau und *stöhnte.*

„Was hast du? Ist dir nicht gut?“

„Ach nichts, nur so Schmerzen im Rücken.“

„Hast du das öfter?“

„Seit ich an der neuen Maschine sitze. Da muß ich immer einen krummen Rücken machen beim *Stanzen**“.

„Dann verändere doch den Sitz.“

„Hab ich schon versucht. Aber so ist es auch nicht richtig, das war sogar noch schlimmer.“

„Dann melde es doch mal eurem Abteilungsleiter.“

„Du redest wieder. Weißt doch, was die sagen. Die Maschine ist schon in Ordnung, nur wir nicht, es gibt keine Arbeit, die uns zufriedenstellen kann. Die Maschine ist schon in Ordnung, alles hat nun mal seine Kinderkrankheiten, in einem halben Jahr ist es zur Gewohnheit geworden.“

„Dann gehst du einfach mal zum Arzt, vielleicht kann er dafür sorgen, daß du eine andere Arbeit bekommst.“

„Du redest heute wieder wie der erste Mensch, als ob mir der Arzt zu einer anderen Arbeit verhelfen könnte. Und wenn, solche, die der Arzt für gut hält, die gibt es im ganzen Betrieb nicht. Dann kannst du gleich nach Hause gehen.“

„Trotzdem gehst du mal zum Arzt, vielleicht ist es was Ernstes.“

---

*stöhnen* – hier: vor Schmerz laut atmen

„Vielleicht. Aber nicht vor Weihnachten. Dann sagen die wieder im Betrieb, ich bin zuhause geblieben, weil ich mit meiner Hausarbeit nicht fertig geworden bin. Das haben sie das letzte Mal auch erzählt. Und ich hatte doch wirklich eine schwere Erkältung, du weißt es."

„Jaja", sagte der Mann.

„Klaus, du mußt aber jetzt ins Bett."

„Ich geh schon, Mutti."

„Klaus, deine Brote mache ich dir noch. Wenn du morgen mittag nach Hause kommst, guck sofort nach dem Ofen in der Küche. Dann kannst du die Wäsche aufhängen, drück sie nicht so zusammen, häng nicht zuviel auf, sonst reißt der Nagel aus der Wand."

„Ist schon gut, Mutti."

Der Mann saß vor dem Fernseher und sah Nachrichten, er rauchte und trank manchmal Bier aus der Flasche.

Die Frau war mit dem Bügeln fertig geworden. Sie setzte sich neben den Mann auf das Sofa und nähte ein Band an der Hose ihres Mannes fest.

„Jeden Tag derselbe Käse", sagte sie mit einem Blick auf den Fernseher. Sie ging noch einmal in das Zimmer des Jungen. „Schade", sagte sie, „er schläft schon. Wollte ihm sagen, er soll morgen von Tante Elli meine Schuhe mitbringen."

*Wecker*

„Schreib einen Zettel", sagte der Mann.

„Stellst du den *Wecker?*" fragte sie, als sie aus dem Kinderzimmer kam, wo sie für Klaus den Zettel auf den Nachttisch gelegt hatte.

„Stell ich. Gehst du schon?"

„Ja, ich bin hundemüde. Weiß auch nicht, was mit mir los ist."

„Daß du immer so müde bist. Nach Weihnachten mußt du unbedingt mal zum Arzt gehen ..."

Der Mann rauchte, sah auf den Fernseher, trank manchmal aus

der Flasche. Bei den Spätnachrichten schaltete er aus. Er öffnete das Wohnzimmerfenster, ließ eine Zeitlang frische Luft in das Zimmer und das blaue Licht des Mercedessterns. Der Mann war zufrieden.

Die Frau schlief fest, sie atmete tief und ruhig, als er das Schlafzimmer betrat. Er nahm ihr das Buch aus den Händen, schaltete ihre Nachttischlampe aus und seine an, legte ein Taschentuch darüber, zog sich aus und nahm das Buch, das auf seinem Kästchen lag. Er las.

„Na, heute bist du ja pünktlich", sagte die Frau beim Einsteigen.

„War nicht schwer, die Straßen sind ja alle frei."

„Was wird sich der Junge freuen, wenn wir heute pünktlich nach Hause kommen. Du, Detlev, du sollst nicht immer so lange lesen im Bett. Heute nacht bin ich aufgewacht, da hast du das Buch auf deinem Gesicht liegen gehabt, und die Lampe brannte. Das passiert aber jetzt oft."

„Jaja", sagte der Mann und fuhr vom Ruhrschnellweg ab.

Der Junge öffnete ihnen.

„Schularbeiten habe ich schon gemacht. Wollte grade was essen. Das ist aber fein, daß ihr schon da seid."

*1. Der Mann, die Frau, der Sohn:*
*Welche ihrer Verhaltensweisen gefallen Ihnen – welche nicht?*

*2. Wählen Sie etwa drei negative Verhaltensweisen (mit entsprechenden Textstellen) aus und überlegen Sie: Was könnte diese Person in diesem Augenblick anderes reden/denken/tun, damit mehr Freundlichkeit entsteht.*

# Der Fremde

Zwei Jahre arbeiteten sie schon nebeneinander, Fritz Angermann und der Italiener Enrico Bozzoli. Sie standen sich täglich in der *Drahtzieherei* in einem großen *Hüttenwerk** gegenüber, dort, wo der brennendheiße Draht durch schmale Öffnungen schießt. Sie mußten in Sekundenschnelle die Drahtenden mit einer langen *Zange* fassen und in eine andere Öffnung ziehen. Dann lief der Draht über die *Walze* dreihundert Meter zurück und wurde am Ende der Straße auf Rollen gedreht.

*Zange*

Sie arbeiteten acht Stunden *Schicht**: zwanzig Minuten an den Walzen, zwanzig Minuten Pause. In den Pausen übernahmen zwei andere Männer die Arbeit an den Walzen. Während der Arbeit blieb kaum Zeit, miteinander zu sprechen, ihre Arbeit war viel zu gefährlich. In den Pausen waren sie so müde und ihr Mund so trocken, daß Sprechen schmerzhaft gewesen wäre.

*Walze*

Fritz wußte von seinem Nebenmann nicht viel. Er kannte zwar seinen Namen, aber er sagte – wie alle anderen – einfach: der *Itaker*. Fritz wußte, daß Enrico mit vielen anderen Italienern in einer Baracke auf dem Fabrikhof wohnte, vier bis acht Mann in einem Zimmer, und daß er sich oft für *Überstunden** meldete.

Angermann wußte nicht, daß Enrico sich für die Überstunden meldete, weil er in der fremden Stadt mit seiner *Freizeit** wenig machen konnte.

Im *Umkleideraum** redeten sie manchmal miteinander, Unwichtiges, nichts Persönliches. Über das Wetter sprachen sie, über die Schicht, oder sie sagten sich, wie nebenbei, was sie am

---

In der *Drahtzieherei* wird *Draht* (Schnur aus Metall) hergestellt.
*der Itaker* – unfreundlicher Ausdruck für einen Italiener

Wochendende machen wollten, vielleicht zum Fußball oder ins Kino gehen.

Es war wenig, was sie sich zu sagen hatten. Angermanns Sorgen waren nicht die Sorgen Enricos, und Enricos Wünsche waren nicht die Wünsche Angermanns. Es lag weniger an Enrico, daß sie über zwei Jahre nicht ein persönliches Gespräch geführt hatten. Es lag allein an Angermann, der Ausländer, besonders Italiener, nicht mochte. Seiner Meinung nach waren sie alle faul – obwohl er täglich im Betrieb sah, daß das Gegenteil richtig war –, sie waren schmutzig, laut, und man konnte kein Vertrauen zu ihnen haben. Angermann glaubte es, auch noch nach der Arbeitszeit. Und wenn man ihn gefragt hätte, warum er es glaubte, hätte er wahrscheinlich nur geantwortet: „Na ja, die sind nun einmal so, die Ausländer. Ein *verdammtes Pack.*"

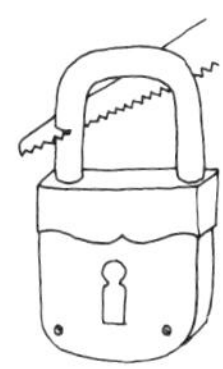
Vorhängeschloß

An einem Freitag, nach der Schicht, war große Unruhe in den Umkleideräumen. Aus einem Schrank war Geld gestohlen worden, vierhundert Mark. Ein Wochen*lohn**. Das *Vorhängeschloß* war durch*gesägt* worden. Es lag vor dem Schrank auf dem Steinboden. Etwa dreißig Männer standen diskutierend mitten im Raum. Einer versuchte lauter zu schreien als der andere.

Angermann und Enrico betraten den Umkleideraum in dem Augenblick, als der Tumult am lautesten war. Sie gingen an ihre Schränke und wunderten sich über den Lärm, denn bei der allgemeinen Unruhe verstand weder Angermann noch Enrico, was los war. Endlich kam ein älterer Arbeiter zu Angermann und sagte: „Es ist wieder mal *geklaut* worden. Schon das dritte Mal in diesem Monat. Dem Bernhard ist Geld gestohlen worden. Sein ganzer Wochenlohn."

---

*verdammtes Pack* – unfreundlicher Ausdruck für eine Gruppe von Menschen
*klauen* – stehlen

Dann diskutierten die Männer ruhiger und auch nicht mehr so laut. In einem Punkt waren sie völlig einer Meinung: der *Dieb* konnte nur jemand gewesen sein, der die Verhältnisse genau kannte und auch wußte, wer seinen Lohn schon vom Lohnbüro abgeholt hatte und wer nicht. Und der vor allem auch wußte, wie man ungesehen in die Umkleideräume kam. Das Durchsägen eines Vorhängeschlosses war schließlich keine Sache von Sekunden.

Enrico, der kaum etwas verstand, wenn schnell deutsch gesprochen wurde, sah fragend in die roten Gesichter. Schließlich fragte er Angermann: „Was ist? Was ist mit Geld? Ich nix verstehen."

„*Halt die Klappe*", sagte Angermann. „Ihr Ausländer wißt immer von nichts. Wenn es wichtig wird, wenn ihr gebraucht werdet, dann behauptet ihr, daß ihr kein Deutsch versteht. Verdammtes Pack!"

„Warum du so böse auf mich?" fragte Enrico. „Ich doch nix getan." Plötzlich sahen alle auf Enrico. Es wurde still. Einige traten langsam auf Enrico zu. Dicht vor ihm blieben sie stehen und sahen ihn an. Plötzlich schrie einer aus einer Ecke: „Untersucht den Itaker!"

Dieser Schrei war ein Signal.

Mehrere Männer stürzten sich auf Enrico, warfen ihn auf den Boden und hielten ihn fest. Brutal rissen sie ihm die Jacke herunter und untersuchten ihn.

*Ellbogen*

Enrico versuchte ohne Erfolg, sich frei zu kämpfen und schrie immer wieder: „Ich nix getan! Ich nix ... "

Die Männer waren brutal. Sie ließen ihn erst los, als der Meister eintrat und sich, mit seinen *Ellbogen* um sich stoßend, einen Weg

---

*Ein Dieb* ist jemand, der stiehlt.
*Halt die Klappe!* – unfreundlich für: Sei ruhig!

durch die Menge freimachte. Der Meister zog Enrico vom Boden hoch, hielt ihn fest und fragte: „Was ist hier los?“ Es wurde augenblicklich still. Einige versuchten, langsam und ungesehen an ihre Schränke zu kommen.

Enrico atmete schwer: „Sie sagen, ich gestohlen. Ich nix gestohlen, ich genug verdienen, ich nix brauchen Geld von Kameraden, ich . . . “

„Ruhe jetzt! Verdammter Itaker, halt die Klappe!“ schrie der Meister. Er ging auf einen älteren Arbeiter zu, der die ganze Zeit an seinem Schrank gestanden hatte. „Paul, was war hier los? Sag schon!“

Paul *stopfte* langsam seine *Pfeife*, als interessiere ihn das hier alles nicht.

„Du weißt doch, daß Rauchen hier verboten ist“, sagte der Meister und schlug Enrico, der gerade rauchen wollte, die Zigarette aus der Hand. Paul ließ sich mit seiner Antwort Zeit, dann sagte er: „Es ist Geld gestohlen worden. Dem Bernhard ist der ganze Wochenlohn gestohlen worden. Das Vorhängeschloß ist durchgesägt. Muß ein ganz Schneller gewesen sein. Muß gut informiert gewesen sein.“

„Und wer hat das Geld gestohlen?“ fragte der Meister.

Da wurde es plötzlich wieder ganz still. Der Meister sah die Männer an, einen nach dem andern, niemand antwortete auf seine Frage: „Wer hat gestohlen?“

Da zeigte Angermann auf Enrico und sagte laut: „Er! Der Itaker hat geklaut! Diese Itaker beklauen doch ihre eigene Großmutter.“

Auf einmal riefen sie alle zugleich: „Ja, der Itaker hat gestohlen. Nur der Itaker kann es gewesen sein.“

---

*die Pfeife stopfen* – Tabak in die Pfeife füllen

„Ruhe!“ schrie der Meister. Er ging auf Enrico zu, blieb dicht vor ihm stehen: „Hast du gestohlen? Wo ist das Geld? Raus damit und ein bißchen schnell.“

Enrico sah den Meister voll Schrecken an. Er hatte wahrscheinlich einen Moment geglaubt, der Meister werde ihm helfen.

„Ich nix gestohlen“, rief er heftig.

„Halt die Klappe! Verdammt noch mal“, schrie der Meister Enrico an. „Ihr verdammten Ausländer wißt immer von nichts.“

Er stieß Enrico mit einer Armbewegung weg. Enrico fiel auf Angermann, der stieß ihn weiter, in die Arme anderer, und sie stießen ihn im Kreise herum. Sie hatten ihren Spaß, sie lachten.

Enrico schrie.

„Schluß jetzt!“ sagte der Meister. Er hielt Enrico fest und drehte sich zu Angermann: „Der Itaker hat also das Geld gestohlen. Du bist *Zeuge.*“

„Ich ... ich ... “, *stotterte* Angermann.

„Ja, was ist denn?“

„Ich war nicht dabei“, sagte Angermann.

„Was?“ wunderte sich der Meister, „du hast es nicht gesehen? Ja, *zum Teufel,* wer von euch hat denn Enrico gesehen?“

Der Meister ließ Enrico los, drehte sich fragend nach allen Seiten. Die meisten Männer sahen zu Boden. „Was? Keiner hat gesehen, wie Enrico das Geld geklaut hat? Ja aber ... warum behauptet ihr dann, daß Enrico das Geld ... “ Schweigen um ihn herum.

„Ich nix ... ich nix ... “, stotterte der Italiener.

„Du bist still“, schrie der Meister. „Ihr Ausländerpack seid immer unschuldig. Wann bist du in den Umkleideraum gekommen?“ fragte er Enrico. „Los, sag schon!“

---

*der Zeuge* – jd, der gesehen hat, was passiert ist, und der darüber berichten kann

*stottern* – unsicher sprechen

Ja, *zum Teufel,* ... – zum Ausdruck von Ärger

„Nach hier? Ich mit Fritz gekommen."

„Und vorher? Wo warst du vorher?"

„Vorher? Aber ich doch immer mit Fritz gewesen. Wir konnten doch nicht weg eine Minute von der Arbeit. Sie doch wissen, was los war heute auf Schicht. Ich immer mit Fritz zusammen."

Der Meister drehte sich zu Angermann und fragte:

„Fritz! Stimmt das?"

Angermann sah erst auf Enrico, dann auf den Meister, dann in die Gesichter der Kollegen, aber alle sahen auf den Boden. Endlich sagte Angermann: „Jaja, stimmt schon, war eine verrückte Schicht heute. Wir hatten ja kaum Zeit, auf die Toilette zu gehn, so viel war zu tun."

„Soso. Enrico kann also das Schloß gar nicht durchgesägt haben. Dafür braucht man mindestens fünf bis zehn Minuten", sagte der Meister. „Und du sagst einfach, der Italiener ist es gewesen." Und dann schrie er: „Du behauptest, ihr alle behauptet es, aber keiner hat ihn dabei gesehen."

„Weil ... weil ... ich weiß nicht, warum", stotterte Angermann.

„Weil, weil", wiederholte der Meister. „Damit kann ich nichts anfangen, ich brauche Zeugen. Also."

Keiner gab Antwort.

Der Meister war so wütend, daß er einige Sekunden brauchte, um ruhiger zu werden. Dann ging er wieder auf den älteren Arbeiter zu, packte ihn an der Jacke und sagte: „Paul, du hast also auch nichts gesehen. Ihr wolltet mich also *für dumm verkaufen*. Denkt mal nach: Wenn ich jetzt die Polizei gerufen hätte, wie würde ich dann dastehen – wie ein dummer Junge. Ihr verdammtes Volk. Dumm geboren und nichts dazugelernt."

---

*jdn für dumm verkaufen* – jdn von etwas Falschem überzeugen

Der Meister ging zu Bernhards Schrank und sah sich das durchgesägte Schloß an. Er fragte Bernhard: „Du bist natürlich auch der Meinung, daß es der Itaker gewesen ist. Oder?"

„Ich? Nein ... ich ... "

„Verdammt! Wenn du es nicht glaubst, warum hast du dann Enrico die Jacke ausgezogen und seine Taschen durchsucht. Warum denn?"

„Ich weiß nicht, ich versteh das selber nicht ... "

„Soso, verstehst dich selber nicht mehr", sagte der Meister böse. „Ein verdammtes Pack seid ihr. Keiner war Zeuge, aber alle wissen, daß es Enrico war. Wollt ihr mich eigentlich für dumm verkaufen?"

Enrico wollte etwas sagen, aber der Meister schrie ihn an: „Halt bloß die Klappe, verdammter Itaker. Wenn du nicht wärst, wäre alles in bester Ordnung. Sag bloß kein Wort, sonst *knall ich dir eine.*"

Einer wollte aus dem Raum gehen. „Halt! Keiner geht hier raus. Ihr bleibt alle, bis die Polizei kommt!" schrie der Meister.

Sie bekamen einen Schreck, als sie das Wort Polizei hörten, aber der Meister war nicht zu stoppen, er ging zum Telefon und rief die Kriminalpolizei.

Dann stellte sich der Meister an den Eingang, damit keiner den Raum verlassen konnte. Es war still geworden, keiner sprach, sie sahen sich nicht an, sie saßen auf den Bänken vor ihren Schränken, und manche taten so, als läsen sie Zeitung.

Als nach zwanzig Minuten zwei Kriminalbeamte kamen, fand einer von ihnen vier Hundertmarkscheine unter einer Bank, weit weg von der Stelle, wo Bernhards Schrank stand.

„Nun fragen Sie mal einen", sagte der Kriminalbeamte, „wer das Geld dort hingelegt hat."

---

*jdm eine knallen* – jdn ins Gesicht schlagen

Die Polizisten schrieben alles kurz auf und gingen dann wieder. Der zweite sagte beim Weggehen: „Wir können da nichts machen. Es ist wie bei den beiden vorherigen Diebstählen auch, das Schloß hat jemand durchgesägt, der von der Sache was versteht. Wir finden auch keine *Fingerabdrücke*, die Geldscheine sind naß. Aber Sie kennen ja Ihre Leute besser. Sie werden es vielleicht im Laufe der Zeit herausfinden."

*Fingerabdruck*

Der Meister sah lange vor sich hin. Die ersten Arbeiter verließen schon den Raum, unsicher und in schlechter Stimmung. Als Angermann an die Tür kam, am Meister vorbei wollte, hielt ihn der zurück und sagte: „Fritz, willst du nicht auf eine andere Schicht?"

„Ich? Aber wieso denn?"

„Ich meine nur. Es muß dir doch unangenehm sein, wenn du weiter mit Enrico zusammen arbeiten mußt", sagte der Meister.

„Unangenehm? Aber wieso denn? Enrico hat das Geld ganz gewiß nicht gestohlen, das wissen wir doch jetzt."

„Jaja, eben deshalb", sagte der Meister ernst.

Angermann ging.

Als der Meister über den Hof lief, traf er Enrico. Er wollte erst an ihm vorbeigehen, dann ging er aber doch auf ihn zu und fragte: „Enrico, willst du auf eine andere Schicht?"

„Ich? Nein, ich nix andere Schicht. Ich mit Fritz gut Geld verdienen."

„Naja, wenn du meinst."

*1. Wie ist das Verhältnis zwischen Fritz Angermann und Enrico Bozzoli*

*a) bei der Arbeit* *b) privat?*

*2. „Angermann glaubte ...“ - Lesen Sie die Erzählung bitte noch einmal und achten Sie bei allen Personen darauf, was sie aufgrund von Vorurteilen (= vorgefaßte Meinungen über andere) tun. Markieren Sie die Textstellen und halten Sie die Vorurteile in einer Liste fest.*

*3. Was meinen Sie: Wird sich in Zukunft das Verhältnis zwischen Enrico und seinen Kollegen ändern?*

# Der Betriebsrat*

Von dem Unglück wußten die Menschen in der Stadt bereits, noch ehe die ersten *Kumpels** der Nacht*schicht** um sieben Uhr morgens nach Hause gingen. Fast auf die Minute drei Uhr nachts war es, daß auf der fünften *Sohle*, in *Flöz* Sonnenschein auf zwanzig Meter Länge Gestein herunterbrach. Acht Männer hatte das Gebirge eingeschlossen. Fünf konnten nach drei Stunden in Sicherheit gebracht werden, verletzt, aber sonst in Ordnung. Nach den anderen drei Männern suchte man stundenlang. Endlich, es war etwa elf Uhr mittags, wurden auch sie gefunden - tot.

---

*die Sohle* - hier: „Stockwerk“ im Bergwerk
*das Flöz* - hier: Gebiet, wo die Kohle gewonnen wird

Es war weiter nicht viel passiert. Ein Unglück – fünf Überlebende, drei Tote; es war also noch einmal gut gegangen. In den Abendstunden sprachen in der Stadt nur noch die davon, von denen Verwandte oder Freunde unter den Verunglückten waren. Rundfunk und Fernsehen brachten in ihren Regionalsendungen Nachricht von dem Unglück. Warum sich groß *aufregen* über drei tote Arbeiter. In der Welt verändert sich täglich so viel; Städte stürzen ein, Flüsse treten über ihre Ufer, tausende von Menschen sterben. Warum sich dann aufregen über drei Männer, die nur einen Betriebsunfall hatten.

Im Ruhrgebiet werden solche Meldungen zur Gewohnheit, wie der Staub in der Luft.

Zwölf Uhr.

Die Toten wurden hochgebracht. Im Büro saßen Betriebsleitung und Betriebsrat zusammen, um zu entscheiden, wer die Fa-

---

*aufregen* – unruhig machen

milien benachrichtigen solle. Immer ist das ein Weg, den niemand gerne geht. Keiner will schließlich beim ersten heftigen Schmerz dabeisein und dann dastehen, ohne helfen zu können.
Für zwei Besuche fanden sich schnell Leute. Für den dritten Weg meldete sich lange keiner, jeder hatte vor diesem Besuch Angst, denn zwei Söhne jener Familie waren in drei Jahren unten geblieben, und der letzte, ein junger Mann von einundzwanzig Jahren, lag nun in der *Leichenhalle*.

In die Stille sagte plötzlich der Betriebsrat Brinkhoff: Ich werde gehen!

Er sagte es fest, wenn ihm auch seine Stimme fremd erschien, und er sah aufmerksam in die leeren Gesichter seiner Kollegen, ob nicht im letzten Augenblick vielleicht einer da war, der für ihn diese Arbeit tun wollte. Aber die sieben Gesichter zeigten nur Erleichterung, weil sich einer gefunden hatte und nicht, wie so oft in den vergangenen Jahren, durch Los entschieden werden mußte.

*Feiges* Volk, dachte er, machen den Mund groß auf, wenn es um nichts geht; aber schweigen, wenn es wichtig ist, Worte zu finden. Egal, ich habe mich nun mal gemeldet. Aber ich darf auf keinen Fall das Fußballspiel heute Nachmittag im Fernsehen verpassen.

Die Familie Haugk, die Brinkhoff aufzusuchen hatte, wohnte in einer Gegend, in der ein Haus wie das andere aussah.

Vater Haugk, wegen *Staublunge* seit einem Jahrzehnt *Invalide*, arbeitete in seinem Vorgarten. Brinkhoff bemerkte, wie der

---

*die Leichenhalle* – Halle, wo die Toten liegen, ehe sie begraben werden
*feige* – nicht mutig
*die Staublunge* – Krankheit der Atemwege, die durch jahrelanges Einatmen von Staub (hier: Kohlestaub) entsteht
*der Invalide* – jd, der wegen einer Krankheit oder eines Unfalls nicht mehr arbeiten kann

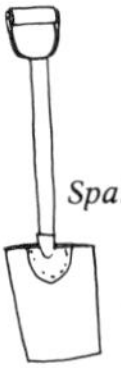
Spaten

alte Haugk manchmal den *Spaten* sinken ließ, die Hand an die Augen hielt und die Straße hinuntersah; die Straße, auf der Brinkhoff gekommen war.

Der Betriebsrat blieb an der Gartentür stehen: Tag Wilhelm! Arbeite nicht so viel, laß für die anderen Tage auch noch was übrig.

Schönes Wetter heute. Wurde aber auch langsam Zeit. Brinkhoff sagte es langsam und ruhig.

Was hat es der Alte doch gut, dachte Brinkhoff, ist sein eigener Herr, kann tun und lassen, was er will. Auf keinen Fall darf ich das Fußballspiel verpassen.

Ach, sagte Haugk, Fritz, du bist es. Tag auch. Ja, die Pflanzen wachsen und wachsen, da muß man schon jeden Tag ein wenig im Garten machen.

Ich darf auf keinen Fall das Fußballspiel verpassen, dachte Brinkhoff. Ob der *Uwe* mitspielt?

Motorrad

Wartest du auf jemand? fragte Brinkhoff.

Warten? Ja, mein Junge ist noch nicht da, hat Nachtschicht, und jetzt ist es gleich zwei Uhr. Macht wohl wieder eine Doppelschicht, so was Unvernünftiges. Weißt du, der hat jetzt so ein nettes Mädchen, er will sich unbedingt ein *Motorrad* kaufen. Na, du weißt ja, wie das heute ist, die jungen Leute wollen raus, haben kein Interesse mehr für den Garten. Aber immer diese *Überstunden**, braucht er doch gar nicht, ich gebe ihm was von meinem Geld dazu.

Jaja, sagte Brinkhoff, und dachte an das in einer Stunde beginnende Fußballspiel im Fernsehen.

Aber die jungen Leute können natürlich nicht warten, müssen immer alles sofort haben, sagte der alte Haugk und war etwas böse dabei.

---

*Uwe Seeler* – berühmter deutscher Fußballspieler

Was für ein Motorrad will er sich denn kaufen? fragte der Betriebsrat. Motorrad, dachte er, wer kauft sich heute noch ein Motorrad! Vier Räder sind vier Räder, und ein Dach drüber ist ein Dach drüber. Ob der Uwe heute mitspielt?

Da darfst du mich nicht fragen, Fritz, ich verstehe da nichts davon. Ein italienisches soll es sein. Ich sage dir, die letzten Abende saßen er und das Mädchen nur über Katalogen. Hinten, wo früher das Hühnerhaus war, da hat er sich jetzt eine Garage gebaut, fein, sage ich dir. Sogar tapeziert hat er sie, mit *Tapeten*, die vom Tapezieren immer übrig geblieben sind. Ist ein bißchen bunt geworden, die Garage, aber sonst ganz nett. Was die Jungen heute für Ideen haben. Haugk lächelte zufrieden.

Wenn wir so weiterreden, verpasse ich noch das Fußballspiel, dachte Brinkhoff, aber er sagte: Jaja. Wann will er sich die Maschine eigentlich holen? Ist sie teuer?

Nächste Woche hat er gesagt. Ich freue mich auch schon. Er will mich dann immer ein bißchen rumfahren, mir die Gegend zeigen.

Wie kann er nur so in den Tag leben, dachte Brinkhoff. Alle um ihn wissen es, keiner hat es ihm gesagt, gerade ich muß es sein, und hab mich dafür auch noch gemeldet. So ein Unsinn. Ob der Uwe heute mitspielt?

*Taube*

Was machst du eigentlich in unserer Gegend hier? fragte der alte Haugk plötzlich. Willst du *Tauben* kaufen?

Brinkhoff sah auf seine Uhr. Wenn es so weiter geht, dachte er, verpasse ich noch das Fußballspiel.

Hast du Urlaub? fragte der alte Haugk wieder.

Nein Wilhelm, den hatte ich schon im März, mußte mein Häuschen in Ordnung bringen. Da nahm ich mir eben Urlaub.

Natürlich Fritz, ich habe das früher auch immer so gemacht. Und jetzt habe ich Zeit, viel Zeit ...

---

*die Tapete* – Papier, das an die Wand geklebt wird.

Ja, dachte Brinkhoff, Invalide müßte man sein.

... Ich sage dir, was man so den lieben langen Tag alles machen kann. Keine Eile mehr, keine *Antreiber*, kein los! los! kein schneller! mehr. Aber jetzt ist man kaputt, die Lunge macht nicht mehr so mit. Ich sage dir, mir ist schon wieder angst, wenn der Nebel kommt, da krieg ich dann wieder nicht genug Luft. Ich sag dir, wir sind vollkommen am Ende, wenn wir unser Alter erreicht haben. Aber was willst du machen, ist eben so.

Wir sind eben Arbeiter, sagte Brinkhoff und dachte bei sich, daß nicht immer die Antreiber die Schuldigen sind, auch die, die sich antreiben lassen. Hoffentlich verpasse ich das Länderspiel nicht.

Der Niggemeier verkauft alle seine Tauben, der geht in die Innenstadt. Weißt du, seine Frau hat von ihrem Onkel das Haus gekriegt, da werden sie drin wohnen. Aber Tauben darf er da nicht halten. Du kannst billig zu guten Tauben kommen, der hat schon viele Preise gewonnen.

Was verlangt er denn für seine Tauben? fragte Brinkhoff. Wenn ich so weiterrede, verpasse ich noch das Fußballspiel.

Wenn du willst, ich spreche mal mit ihm. Oder wir gehen gleich hin, er wohnt ja nur ein paar Häuser weiter. Das heißt, wenn du willst und Zeit hast ...

Nein Wilhelm, sagte Brinkhoff schnell, ich muß nämlich wieder mal so einen Besuch machen, du weißt schon.

Was ist los, Fritz, ist was passiert auf der *Zeche?** Der alte Haugk sah Brinkhoff von unten an.

Hundert Leute im Umkreis wissen, daß sein Sohn unter den Toten ist, dachte Brinkhoff, nur er nicht. Wie feige doch Nachbarn sein können, keiner hat es ihm gesagt.

Ob der Uwe mitspielt?

---

*der Antreiber* – hier: jd, der andere zur Arbeit drängt

Ja, Wilhelm, Flöz Sonnenschein, auf der fünften Sohle. Du kennst dich ja aus von früher.

Was? Sonnenschein? Fünfte Sohle? Jaja, Sonnenschein hatte schon immer ein schlechtes Gebirge. Zu meiner Zeit... jede Woche brach Gestein herunter. Es war schlimm, man konnte noch so sicher bauen, immer kam was runter. Und zugemacht wurde das gefährliche Flöz auch nicht, gab es dort doch die besten und billigsten Kohlen. Was waren schon ein paar Tote oder ein paar Verletzte. Hauptsache viel und billig Kohlen, *Hauptsache die Kohlen stimmen.* Das war immer so und bleibt auch so. Wir können nichts ändern. Gut, daß ich mit diesen Leuten nichts mehr zu tun habe.

*Bussard*

Haugk sah einem *Bussard*paar zu. Schön, sagte er. Ich beobachtete sie schon ein paar Tage. Muß unwahrscheinlich interessant sein, von da oben alles zu betrachten.

In der Zeitung stand, daß es noch fraglich ist, ob Uwe für das Spiel aufgestellt wird, dachte Brinkhoff.

Aber aber, rief der Alte plötzlich. Was hast du gesagt? Fünfte Sohle? Aber ... aber ... da ist doch auch mein Junge. Du! Fritz! Was ist nun wirklich passiert?

Sein Junge war ein glänzender Fußballspieler. Wenn er in die richtigen Hände gekommen wäre, wer weiß ... Jetzt könnte ich vor dem Fernseher sitzen, wenn ich mich nicht gemeldet hätte.

Acht waren unter dem Gestein, Wilhelm, sagte der Betriebsrat schwer und sah interessiert den Kreisen der Bussarde zu.

Ja, acht waren unter dem Gestein, fünf konnten wir gleich rausholen, *drei hat es erwischt.* Ja, du weißt ja.

Der alte Haugk wollte seine Pfeife rauchen. Er hatte keinen Tabak im Kopf der Pfeife, aber er brannte ein Streichholz nach dem

---

*Hauptsache die Kohlen stimmen* – fam.: am wichtigsten ist, daß Geld da ist/verdient wird
*Drei hat es erwischt.* – hier: Drei sind tot.

anderen an, bis vor seinen Füßen viele abgebrannte Hölzer lagen. Wieder sah Haugk die Straße hinunter, auf der Brinkhoff gekommen war.

Drei hat es also erwischt, sagst du, drei. Drei! Fritz! Warum drei? Jaja, deshalb ist also mein Junge noch nicht da, deshalb. Jaja, so ist das also. Und nach einer Weile drückender Stille lachte Haugk, so, als hätte er einen tollen Spaß gehabt.

So ist das also, Fritz. Du wolltest von Anfang an zu mir. Und ich Dummkopf dachte, du wolltest Tauben kaufen vom Niggemeier.

Das Bussardpaar zog noch immer seine Kreise, der alte Haugk aber sah auf die vor seinen Füßen liegenden abgebrannten Streichhölzer. Jaja, sagte er wieder, Sonnenschein hatte schon immer ein schlechtes Gebirge, weich wie Butter.

Ob er nun verstanden hat? Jetzt wird auch das Spiel anfangen. Ob der Uwe mitspielt?

Drei hat es also erwischt, sagst du ... aber warum drei ... warum nicht zwei ... oder einen ... oder gar keinen. Und er schrie plötzlich: Warum gar keinen?! Warum? Warum? Fritz! Warum? Weil die Herren nicht verstehen wollen, daß ein Mensch mehr wert ist als tausend Kilogramm Kohlen? He! Ist es so? Ist es so?

Wie recht der Alte hat, dachte Brinkhoff, wie recht. Aber was soll man dagegen tun? Soll man mit der Arbeit aufhören?

Haugk sah auf das Haus, aus dem seine Frau kam und die Straße hinabsah, ohne auf die beiden Männer an der Gartentür zu achten. Auf der Straße sah man schon die ersten Kumpel der Frühschicht, sehr eilig, manche rannten.

Die kommen alle noch früh genug zum Fernsehen, dachte Brinkhoff.

Aber Fritz, wie soll ich das meiner Frau sagen? Wie nur? Wie? fragte der Alte angstvoll.

Was, Wilhelm, was?

Hab auch schönen Dank, daß du gekommen bist, Fritz. Aber wie soll ich das nur meiner Frau sagen, wie nur, wie?

Ich werde zu ihr hineingehen, sagte Brinkhoff.

Bin ich denn verrückt? Wie komme ich dazu, das anzubieten? Er verlangt vielleicht noch, daß ich die ganze Verwandtschaft informiere. Jetzt hat das Spiel angefangen.

Busch

Der alte Haugk nahm eine Schere und ging auf einen blühenden Rosen*busch* zu.

Brinkhoff wartete, bis die Frau ins Haus gegangen war. Dann lief er hinterher. Im *Flur* roch es nach gebackenem Fisch, und er hörte, wie die Frau Töpfe hin und her zog. Lange blieb der Betriebsrat im Flur stehen, er atmete schwer. Schließlich zählte er wie ein Kind an den *Knöpfen* seiner Jacke: soll ich, soll ich nicht, soll ich. Schnell stieß er die Tür auf, und die Frau wunderte sich etwas, an Stelle von Mann oder Sohn einem Fremden gegenüber zu stehen.

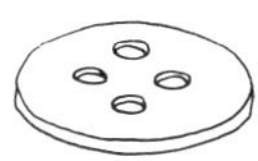

Knopf

Ja? Bitte? Wollen Sie zu meinem Mann? Er ist im Garten ... aber, haben Sie nicht eben mit ihm gesprochen?

Jetzt muß ich es sagen, dachte er, schnell, damit es schnell vorbeigeht. Schnell, nur schnell.

Er sprach nicht. Er wollte auf die Frau zugehen und blieb doch an der Tür stehen und drehte seinen Hut in der Hand, immer nur den Hut in der Hand ... immer nur den Hut in der Hand.

Betriebsrat Brinkhoff merkte, wie die Augen der Frau größer und größer wurden, wie sie auf einen Stuhl fiel. Dann schrie sie: Nein! Neinneinneinnein! Das ist nicht wahr!

Brinkhoff drehte sich schnell um und lief hinaus. Der Alte schnitt aus dem Busch lange rote Rosen, und er sagte zu Brinkhoff: Meine Schwester kommt gleich, sollte eigentlich schon hier

---

*der Flur* – schmaler Vorraum, der die einzelnen Zimmer der Wohnung miteinander verbindet

sein. Holt die Blumen und meinen Spaten. Einen großen Wagen hat sie, aber keinen Spaten.

Du kannst hineingehen! rief Brinkhoff im Vorbeilaufen.

Ja Fritz, ja ... so ein nettes Mädchen hat er, so ein ...

Das Bussardpaar war verschwunden.

Als der Betriebsrat Brinkhoff wieder auf der Straße stand, war er naß geschwitzt. Langsam und schwer ging er die Straße hinunter. Es war niemand auf der Straße zu sehen, menschenleer lag sie da. Wo die Straße ihr Ende fand, setzte sich Brinkhoff in das staubige Gras und trocknete sein Gesicht.

Was sind das bloß für Menschen, sitzen vor dem Fernseher und gucken dem Ball nach. Was sind das nur für Menschen, gucken und gucken und schreien, bis sie keine Stimme mehr haben.

Und ich ... ?

Ob der Uwe mitspielt?

*1. Brinkhoff denkt immer wieder an das Fußballspiel im Fernsehen. Ein Leser dieser Geschichte meinte dazu: Brinkhoff will sich so an dem normalen, gewöhnlichen Leben festhalten. – Ist das auch Ihre Meinung?*

*2. Eine Todesnachricht zu überbringen ist nicht leicht. Eine Todesnachricht entgegenzunehmen ist noch schwerer. – Würde man sich in Ihrem Land so ähnlich verhalten wie die Personen in dieser Geschichte?*

*3. Am nächsten Tag steht es in der Zeitung:*
*Formulieren Sie diese Zeitungsmeldung über das Unglück im Flöz Sonnenschein.*

*4. „Nicht immer die Antreiber sind die Schuldigen, sondern auch die, die sich antreiben lassen“, denkt der Betriebsrat Brinkhoff. Wie ist Ihre Meinung dazu?*

# Masken

*Maske*

Sie fielen sich heftig auf dem Bahnsteig 3a des Kölner Hauptbahnhofes in die Arme und riefen gleichzeitig: Du?! Es war ein heißer Julivormittag, und Renate wollte in den Schnellzug nach Amsterdam über Aachen, Erich verließ diesen Zug, der von Hamburg kam. Menschen drängten aus den Wagen auf den Bahnsteig, Menschen vom Bahnsteig in die Wagen. Die beiden aber standen dazwischen, merkten nichts von dem Gedränge und hörten auch nicht, daß Vorübergehende wütend wurden, weil sie gerade vor den Treppen standen und viele dadurch gezwungen wurden, um sie herumzugehen. Sie hörten auch nicht, daß der Zug nach Aachen abfahrbereit war, und es störte Renate nicht, daß er wenige Sekunden später aus der Halle fuhr.

Die beiden standen wortlos, jeder suchte im Gesicht des anderen. Endlich nahm der Mann die Frau am Arm und führte sie die Treppen hinunter, durch den Ausgang. In einem Café in der Nähe tranken sie Tee.

Nun erzähle, Renate. Wie geht es dir? Als ich dich so plötzlich sah ... du ... ich war richtig *erschrocken.* Es ist so lange her, aber als du auf dem Bahnsteig fast auf mich gefallen bist ...

Nein, lachte sie, du auf mich.

Da war es mir, als hätte ich dich gestern zum letzten Male gesehen, so nah warst du mir. Und dabei ist es so lange her ...

Ja, sagte sie. Fünfzehn Jahre.

Fünfzehn Jahre? Wie du das so genau weißt. Fünfzehn Jahre, das ist ja eine endlos lange Zeit. Erzähle, was machst du jetzt? Bist du verheiratet? Hast du Kinder? Wo fährst du hin? ...

---

*erschrecken* – einen Schreck bekommen

Langsam, Erich, langsam, du bist noch genau so ungeduldig wie vor fünfzehn Jahren. Nein, verheiratet bin ich nicht, die Arbeit, weißt du. Wenn man *es zu etwas bringen** will, weißt du, dann hat man eben keine Zeit für Männer.

Und was ist das für Arbeit, die dich von den Männern fernhält? Er lachte sie an, sie aber sah aus dem Fenster. Ich bin jetzt *Leiterin** eines *Textilversandhauses** hier in Köln. Du kannst dir denken, daß man da von morgens bis abends zu tun hat und ...

Alle Achtung! rief er und klopfte mehrmals mit der flachen Hand auf den Tisch. Alle Achtung! Da kann man dir ja Glück wünschen.

Ach, sagte sie und sah ihn an. Sie war rot geworden.

Du hast es ja weit gebracht, alle Achtung. Und jetzt? Fährst du in Urlaub?

Ja, vier Wochen nach Holland. Ich habe es nötig, meine Nerven sind nicht die besten. Und du Erich, was machst du? Erzähle. Du siehst gesund aus.

Schade, dachte er. Wenn sie nicht so eine tolle *Stellung** hätte, ich würde sie jetzt fragen, ob sie mich noch haben will. Aber so? Nein, das geht nicht, sie würde über mich lachen, wie damals.

Ich? sagte er langsam und brannte sich eine neue Zigarette an. Ich ... ich ... Ach weißt du, ich habe ein bißchen Glück gehabt. Habe hier in Köln zu tun. Bin noch mal auf die Schule gegangen und seit vier Jahren Einkaufsleiter einer Hamburger *Werft**, na ja, so was Besonderes ist das nun wieder auch nicht.

Oh, sagte sie und sah ihn lange an, und ihr Blick fiel auf seine großen Hände, aber sie fand keinen Ring. Sie erinnerte sich, daß sie sich vor fünfzehn Jahren nach einem kleinen *Streit* getrennt hatten, ohne sich bis heute wiederzusehen. Er hatte ihr damals nicht genügt, der wenig verdienende und immer ölverschmutzte *Schlosser**. Er solle es erst zu etwas bringen, hatte sie ihm da-

---

*der Streit* – heftige Meinungsverschiedenheit

mals nachgerufen, vielleicht könne man später wieder darüber sprechen. So gedankenlos jung waren sie damals. Ach ja, die Worte waren im Streit gefallen und trotzdem nicht böse gemeint. Beide aber fanden danach keine Brücke mehr zueinander. Sie wollten und wollten doch nicht. Und nun? Nun hatte er es zu etwas gebracht.

Dann haben wir ja beide Glück gehabt, sagte sie, und dachte, daß er immer noch gut aussieht. Gewiß, er war älter geworden, aber das steht ihm gut. Schade, wenn er nicht so eine tolle Stellung hätte, ich würde ihn fragen, ja, ich ihn, ob er noch an den dummen Streit von damals denkt und ob er mich noch haben will. Ja, ich würde ihn fragen. Aber jetzt?

Jetzt habe ich dir einen halben Tag deines Urlaubs gestohlen, sagte er und wagte nicht, sie anzusehen.

Aber Erich, das ist doch nicht so wichtig, ich fahre mit dem Zug um fünfzehn Uhr. Aber ich, ich stehle dir deine Zeit, du hast gewiß viel zu tun hier.

Mach dir keine Sorgen, ich werde vom Hotel abgeholt. Weißt du, meinen Wagen lasse ich immer zu Hause, wenn ich längere Strecken fahren muß. Bei dem Verkehr heute, da verliert man zu leicht die Nerven.

Ja, sagte sie. Ganz recht, das mache ich auch immer so. Sie sah ihm nun direkt ins Gesicht und fragte: Du bis nicht verheiratet? Oder läßt du Frau und Ring zu Hause? Sie lachte etwas zu laut.

Weißt du, antwortete er, das hat seine Schwierigkeiten. Die ich haben will, sind nicht zu haben oder nicht mehr, und die mich haben wollen, gefallen mir nicht. Zeit müßte man haben. Zum Suchen, meine ich. Jetzt müßte ich ihr sagen, daß ich sie noch immer liebe, daß es nie eine andere Frau für mich gegeben hat, daß ich sie all die Jahre nicht vergessen konnte. Wieviel? Fünfzehn Jahre? Eine lange Zeit. Und jetzt? Ich kann sie doch nicht mehr fragen, vorbei, jetzt, wo sie so eine Stellung hat. Nun ist es zu spät, sie würde über mich lachen. Ich kenne ihr Lachen, ich habe es im Ohr gehabt, all die Jahre. Fünfzehn? Kaum zu glauben.

Wem sagst du das? Sie lächelte. Jetzt müßte ich ihm eigentlich sagen, daß er der einzige Mann ist, dem ich sofort folgen würde, wenn er mich darum bitten würde. Daß ich jeden Mann, den ich kennenlernte, mit ihm verglich. Ich sollte ihm das sagen. Aber jetzt? Jetzt hat er eine tolle Stellung, und er würde nur über mich lachen, nicht laut, er würde sagen, daß ... ach ... es ist alles so sinnlos geworden.

Sie aßen in demselben Café zu Mittag und tranken jeder zwei Glas Wein. Sie erzählten sich Geschichten aus ihren Kindertagen und später aus ihren Schultagen. Dann sprachen sie über ihr Berufsleben, und sie bekamen einer vor dem andern Respekt, als sie erfuhren, wie schwer sie es gehabt hatten. Jaja, sagte sie; genau wie bei mir, sagte er.

Aber jetzt haben wir es zu etwas gebracht, sagte er laut und rauchte nervös.

Ja, *nickte* sie. Jetzt haben wir es weit gebracht. Schnell trank sie ihr Glas leer.

*Falten*

Sie hat schon ein paar kleine *Falten* um die Augen, dachte er. Aber die stehen ihr nicht einmal schlecht.

Noch einmal bestellte er zwei Gläser Wein, und sie lachten viel und laut.

Er kann immer noch so herzlich lachen, genau wie früher. Um seinen Mund sind zwei tiefe Falten, trotzdem sieht er wie ein Junge aus, er wird immer wie ein Junge aussehen, und die zwei Falten stehen ihm nicht einmal schlecht. Vielleicht ist er jetzt ein richtiger Mann, aber nein, er wird immer ein Junge bleiben.

Kurz vor drei brachte er sie zum Bahnhof.

---

*nicken* – mit einer Kopfbewegung „ja" sagen

Ich brauche den Amsterdamer Zug nicht zu nehmen, sagte sie. Ich fahre bis Aachen und steige dort um. Ich wollte mir sowieso schon lange einmal das Rathaus ansehen.

Wieder standen sie auf dem Bahnsteig. Mit leeren Worten versuchten sie, die Augen des andern einzufangen. Und wenn sich dann ihre Blicke trafen, erschraken sie und sahen weg.

Wenn sie jetzt ein Wort sagen würde, dachte er, dann ...

Ich muß jetzt *einsteigen*, sagte sie. Es war schön, dich wieder einmal zu sehen. Und dann so unerwartet ...

Ja, das war es. Er half ihr beim Einsteigen und fragte nach ihrem Gepäck.

Ich habe es vorausgeschickt.

Natürlich, das ist bequemer, sagte er.

Wenn er jetzt ein Wort sagen würde, dachte sie, ich stiege sofort wieder aus, sofort.

Sie gab ihm aus einem Wagen erster Klasse die Hand.

Auf Wiedersehen, Erich ... und auch in Zukunft ... viel Glück.

Wie schön sie immer noch ist. Warum nur sagt sie kein Wort.

Danke, Renate. Hoffentlich hast du schönes Wetter.

Ach, das ist nicht so wichtig. Hauptsache ist das Ausruhen, das kann man auch bei Regen.

Der Zug fuhr an. Sie *winkten* nicht. Sie sahen sich nur in die Augen, so lange dies möglich war.

*winken*

Als der Zug aus der Halle gefahren war, ging Renate in einen Wagen zweiter Klasse und setzte sich dort an ein Fenster. Sie hielt sich eine Zeitung vors Gesicht und weinte.

Wie dumm von mir, ich hätte ihm sagen sollen, daß ich immer noch die kleine *Verkäuferin** bin. Ja, in einem anderen Laden, mit zweihundert Mark mehr als früher, aber ich verkaufe immer noch Herrenhemden, wie früher, und Socken und Unterwäsche.

---

*einsteigen* – hier: in den Zug hineingehen

Alles für den Herrn. Ich hätte ihm das sagen sollen. Aber dann hätte er über mich gelacht, jetzt, wo er ein Herr geworden ist. Nein, das ging doch nicht. Aber ich hätte wenigstens nach seiner Adresse fragen sollen. Wie dumm von mir, ich war so gedankenlos wie ein kleines Mädchen, und ich habe gelogen, wie ein kleines Mädchen, das gefallen will. Wie dumm von mir.

Erich verließ den Bahnhof und fuhr mit der Straßenbahn nach Ostheim auf eine Groß*baustelle**. Dort meldete er sich beim *Bauführer**.

Ich bin der neue *Kranführer**.

Na, sind Sie endlich da? Mensch, wir haben schon gestern auf Sie gewartet. Also dann, der Kollege zeigt Ihnen Ihr Zimmer dort in den Baracken. Komfortabel ist es nicht, aber warmes Wasser haben wir trotzdem. Also dann, morgen früh, genau sieben Uhr.

Ein Schnellzug fuhr Richtung Deutz. Ob der auch nach Aachen fährt? Ich hätte ihr sagen sollen, daß ich jetzt Kranführer bin. Ach was, sie hätte doch nur gelacht, sie kann so verletzend lachen. Nein, das ging nicht, jetzt, wo sie eine Dame geworden ist und so eine tolle Stellung hat.

*1. Warum heißt die Überschrift der Erzählung „Masken"? – Erinnern Sie sich an Situationen in Ihrem eigenen Leben, in denen Sie „eine Maske" trugen? Wissen Sie noch, warum? – Oder gibt es in Ihrem gegenwärtigen Leben Situationen, in denen Sie „eine Maske" tragen?*

*2. Wenn Erich und Renate einander die Wahrheit gesagt hätten, wäre ihre Begegnung sicher ganz anders verlaufen. – Können Sie sich vorstellen, wie? Versuchen Sie einmal, die Geschichte umzuschreiben.*

# Das Stenogramm*

Am Sonntag, dem 16. Februar 1969, fuhr auf der Straße Ansbach-Würzburg, drei Kilometer vor Ochsenfurt, ein weißer VW auf eisglatter Straße aus einer scharfen Kurve heraus an einen Straßenbaum.

Der Zusammenstoß war so stark, daß sich der Baum in den Wagen hineinfraß.

Im Unglückswagen saßen ein *Arzt** und seine Frau, sie waren von einem dringenden Hausbesuch gekommen, zu dem sie am frühen Morgen telefonisch gerufen worden waren.

Der Arzt war diesem Notruf sofort gefolgt, er hatte an diesem Wochenende *Notdienst**. Der Arzt hatte in einem weit entfernten Dorf ein schwerkrankes Kind behandelt. Das Unglück passierte genau 10.30 Uhr.

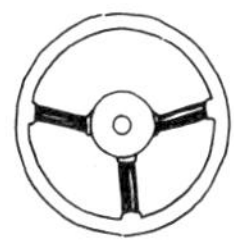

*Steuer*

10.35 Uhr

Ein grüner Mercedes näherte sich mit geringer Geschwindigkeit aus der Kurve heraus dem Unglückswagen. Am *Steuer* saß ein älterer Herr, auf dem Rücksitz eine junge Frau, neben ihr eine ältere, die Mutter des Mannes. Die junge Frau hielt ein etwa dreijähriges Kind im Arm. Die junge Frau schrie: Ewald, du mußt anhalten, da ist was passiert.

Der Mann hatte nicht die Absicht anzuhalten.

Auf keinen Fall, sagte er, sowas ist nichts für das Kind.

Die ältere Frau gab ihm recht. Fahr weiter, sagte sie, recht hat er, recht.

Aber wir können doch nicht... sagte die junge Frau schnell. Sei jetzt still, sagte die ältere, und der Mann erklärte noch: Wir können in Ochsenfurt auch nicht zur Polizei gehen und den Unfall melden. Ich habe meinen Führerschein vergessen. Ich kann es mir nicht leisten, ohne ihn bei der Polizei vorbeizufahren.

Der Mann sah im Vorbeifahren geradeaus, die junge Frau auf den Unglückswagen, die ältere nahm sich nervös eine Zigarette.

Als sie etwa einen Kilometer weitergefahren waren, sagte die junge Frau: Wir sollten doch zur Polizei gehen.

Der Mann am Steuer und die ältere Frau schwiegen, nur das Kind im Arm der Mutter rief vergnügt: Mami ... tatü ... tatü ...

10.42 Uhr

Ein schwarzer VW fuhr schnell aus der Kurve heraus. Der Fahrer sah den Unglückswagen, ließ den VW ausrollen und kam etwa sechzig Meter weiter zum Stehen.

Der etwa Vierzigjährige verließ den Wagen. Der Mann blickte um sich, die Straße entlang. Seine Frau, die auf dem Beifahrersitz Zeitung las, guckte neugierig auf, fragte: Ist was? Trink doch morgens nicht so viel Kaffee, dann mußt du auch nicht so viel laufen. Die beiden jungen Mädchen auf dem Rücksitz, die Töchter der beiden, lachten.

Da hinten ist ein VW an einen Baum gefahren, sagte der Mann.

Er wollte weggehen, die Frau rief ihn zurück.

Was geht es dich an, rief sie. Fahr weiter. Die sollen nicht immer so verrückt fahren.

Die Mädchen riefen: Wo? Wowowo? ach . . . da . . . na, der Wagen ist kaputt.

Der Mann hatte sich noch nicht entschieden. Die Frau sah aus dem Fenster und sagte leise: Emil, komm rein, sei nicht so dumm. Dann mußt du zur Polizei, und die verlangen dann vielleicht noch deinen Führerschein. Was ist dann? Willst du sie die letzten vier Wochen, bis du ihn wiederkriegst, auf dich aufmerksam machen? Na also, steig ein.

Der Mann sah sie an, stieg ein und fuhr langsam weiter. Die Mädchen auf dem Rücksitz drückten ihre Gesichter an das Fenster, bis der Unglückswagen nicht mehr zu sehen war.

Nun fahr doch ein bißchen schneller, drängte die Frau, wir sind sowieso zu spät dran. Wofür hat dir mein Vater eigentlich die Winterreifen gekauft? Na also.

10.53 Uhr

Ein gelber Fiat fuhr vorsichtig in die Kurve. Trotzdem hatte die junge Frau am Steuer Mühe das Fahrzeug in der Gewalt zu behalten. Sie fuhr noch langsamer aus der Kurve heraus und bemerkte den Wagen am Baum. Sie schloß einen Moment die Augen und schrie leise auf.

*Kreuz*

Ihre Mutter, die neben ihr saß, *bekreuzigte* sich, sagte ganz leise: Else, fahr weiter, schnell, bevor jemand kommt. Wir wollen mit so was nichts zu tun haben. Else, Kind, ich kann so was nicht sehen, du weißt, Kind, mir wird bei so was gleich schlecht.

Wir müssen das der Polizei melden, Mutter.

Polizei? Kind, fahr weiter, wir wollen keine Schwierigkeiten bekommen, wir haben noch nie was mit der Polizei zu tun gehabt. Fahr weiter, wir haben einfach nichts gesehen, nach uns kommen auch noch welche.

Die Mutter bekreuzigte sich noch einmal, sie redete vor sich hin.

10.58 Uhr

Aus Richtung Ochsenfurt kam ein Wagen, er war am Ortsausgang dem gelben Fiat begegnet. Der Mann fuhr an dem Unglückswagen vorbei, als ob er überhaupt nicht vorhanden sei.

Das fehlte noch, dachte der Man, daß ich jetzt angehalten werde, dann steht mein Name vielleicht morgen in der Zeitung, das fehlte noch.

In der Kurve begegnete ihm ein Mercedes um

10.59 Uhr

Am Steuer des alten, schwarzen Mercedes saß ein weißhaariger Mann. Der Mann bekam für eine Sekunde einen Schreck, als er den VW am Baum sah. Er fuhr dann langsam weiter, an den verunglückten Wagen heran, und hielt wenige Meter dahinter. Der Mann stieg aus, er war etwa sechzig Jahre alt, sehr dick und etwas zu klein. Der dicke Mann ging um den VW herum, sah erschreckt ein paar Sekunden auf die beiden Toten durch die zerbrochenen Fenster, sagte tonlos: furchtbar ... Dann, als er wie zufällig seine abgefahrenen Reifen sah, stieg er wieder in seinen Wagen und fuhr weiter. Ich will doch keine Schwierigkeiten mit der Polizei, dachte er. Der Motorlärm war noch lange zu hören.

11.08 Uhr

Ein buntbemalter Citroen 2 CV kam in die Kurve. Die vier jungen Leute, zwei Jungen, zwei Mädchen, sangen. Sie waren, trotz der eisglatten Straße, so lustig, als kämen sie von einer Party. Der Mann am Steuer schrie: Nun seid doch mal still. Schaut mal nach vorne, da hängt einer am Baum.

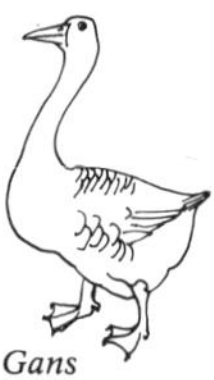

*Gans*

Die Mädchen sangen weiter, und der junge Mann schrie noch lauter: Still jetzt! Ihr dummen *Gänse,* könnt ihr nicht mal still sein.

Er hielt an. Er und sein Begleiter stiegen aus, sie blieben einige Meter vor dem VW stehen, sie bewegten ratlos ihre Arme. Dann traten sie näher.

Mein Lieber, der muß vielleicht eine Geschwindigkeit gehabt haben! Da ist nichts mehr zu machen, die sind tot.

Und jetzt? fragte der andere, sollen wir warten, bis die Polizei kommt? Oder sollen wir in Ochsenfurt zur Polizei fahren?

Mensch, bist du verrückt? Ich hab heute nacht einige Liter Wein getrunken, die riechen das doch noch, die sind doch auch nicht dumm. Wenn die das merken, dann nehmen sie mir gleich meinen Führerschein weg. Das kann ich mir nicht erlauben.

Sie gingen zurück, stiegen ein und fuhren weiter. Eines der Mädchen fragte: Sind die tot?

Nein, sagte der Mann am Steuer, der ganz weiß im Gesicht war, nein, die spielen nur Karten, die warten auf den dritten Mann zum *Skat*.

Ach, wie spaßig, sagte das andere Mädchen, und beide begannen wieder zu singen.

11.15 Uhr

Ein roter VW fuhr äußerst gewagt in die Kurve, schnell aus der Kurve heraus. Der Mann am Steuer, allein im Auto, zog die Luft scharf durch die Zähne, als er den verunglückten Wagen sah.

*Zum Teufel*, sagte er, das hat mir gerade noch gefehlt. Er gab vorsichtig Gas, trotzdem drehten die Räder durch, der Wagen zog nach links, dann fing er sich wieder auf einer trockenen Stelle der Straße.

Der Mann begann zu schwitzen, seine Handflächen wurden feucht.

Hoffentlich kommt mir jetzt keiner entgegen und merkt sich meine Nummer, redete er vor sich hin. Wenn mich jetzt die Polizei anhält, mit dem gestohlenen Wagen ... nicht auszudenken ... laßt sie liegen ... laßt sie liegen ... sind ja sowieso nicht mehr unter den Lebenden.

11.28 Uhr

Ein weißer BMW fährt in die Kurve, am Steuer eine sehr schöne, junge Frau. Der Mann neben ihr ist müde, er schließt manchmal die Augen.

Fahr nicht so wild, sagt er zu der jungen Frau. Da sieht er den verunglückten Wagen, und sagt: Soll es uns so gehen wie denen da?

Die Frau wollte anhalten. Der Mann schrie: Bist du verrückt? Hinterher müssen wir noch als *Zeugen* auftreten.

Na und? fragte die Frau.

---

*der Skat* – deutsches Kartenspiel für drei Personen
*der Zeuge* – jd, der gesehen hat, was passiert ist, und darüber berichten kann
*Zum Teufel, ...* – zum Ausdruck von Ärger

Sag mal, schrie der Mann, du bist wohl verrückt? Und wenn meine Frau davon hört, da wird doch dann auch dein Name genannt ... was dann ... na ... verstanden?

Die Frau fuhr langsam weiter, aber sie sah den Mann neben sich nicht mehr an.

11.35 Uhr

Langsam näherte sich der Streuwagen, der feinen Sand auf das Glatteis fallen ließ, aus der Kurve heraus dem Unglückswagen.

Der Beifahrer schrie: Franz! Halt an ... da ... da. Ich hab's dir doch gleich gesagt, daß wir heute noch einen antreffen, der irgendwo draufgefahren ist.

Sie hielten hinter dem Unglückswagen, die beiden Männer stiegen aus, sie sahen kurz auf das leblose Paar und sahen sich an. Der Fahrer des Streuwagens stieg wortlos ein und meldete den Unfall über Sprechfunk der Polizei. Sie warteten, ohne ein Wort zu sprechen, eine Viertelstunde, bis die Polizei kam, und noch weitere zehn Minuten bis zur Ankunft des Krankenwagens, in dem ein Arzt mitgekommen war. Als der Arzt den Toten am Steuer sah, schrie er leise auf.

Ist was, Doktor, fragte einer der drei Polizisten.

Nein, nein, nichts. Sind mindestens eine Stunde tot, sagte der Arzt.

Eine Stunde? fragte ein anderer Polizist. Daß die aber nicht früher gefunden wurden.

Wie soll auch, antwortete der Arzt. Wer fährt schon bei dem Wetter und den Straßen und am Sonntagmorgen, wenn er nicht unbedingt muß. Und wer muß schon unbedingt am Sonntagmorgen.

Da haben sie auch wieder recht, sagte der erste Polizist, und dann begannen die drei, einen Bericht zu schreiben.

Meldung am 17.2.69 in allen Würzburger Zeitungen: Auf der Bundesstraße 13, kurz vor Ochsenfurt, verunglückte gestern vormittag der Arzt Wilhelm Altmann mit seiner Ehefrau tödlich. Die Polizei nimmt an, daß der Wagen wegen überhöhter Geschwindigkeit auf spiegelglatter Straße aus der Kurve getragen wurde und dann gegen einen Baum fuhr. Der Arzt und seine Frau waren sofort tot.

Alle diejenigen, die am Sonntag, dem 16.2.69, in der Zeit von 10.30 Uhr und 11.35 Uhr an der Unglücksstelle vorbeigekommen waren, lasen am Montagmorgen die Zeitung.

*10.35 Uhr*
*10.42 Uhr*
*10.53 Uhr*
*10.58 Uhr*
*10.59 Uhr*
*11.08 Uhr*
*11.15 Uhr*
*11.28 Uhr*

*Schreiben Sie bitte zu jeder Zeitangabe eine kurze Notiz. Erwähnen Sie jeweils:*
*a) welche Personen zum Unfallort kommen*
*b) wie sie auf den Anblick des verunglückten Wagens reagieren*
*c) aus welchen Gründen sie nicht die Polizei benachrichtigen*

*Gibt es Personen in diesem ‚Stenogramm', mit deren Verhalten Sie einverstanden sind?*

Igel

# Der Igel

Kurz vor 24 Uhr war es, an einem Freitag, da *schwankte* unser *Wirt** durch das *Lokal**, stieß in seiner Bierlaune an Tische und Stühle einiger Gäste. Da seine Frau, die wegen seiner Trunkenheit bedienen mußte, seinen Anblick nicht mehr aushielt, zog sie ihn vorsichtig durch die Tür hinter der *Theke** in die Küche. Jetzt geht er endlich zu Bett, dachte ich beim Kartenspiel. Der ist gar nicht so dumm, läßt seine Frau die ganze Arbeit machen, sie ist morgens kaputt und er ausgeruht. Der Wirt erschien jedoch noch einmal in der Tür, mit weit aufgerissenen Augen. Er drückte sich an der Theke vorbei, und es schien, als ziehe er etwas hinter sich her. Dann stand er schwankend mitten im Lokal, in seiner rechten Hand hielt er eine zwei Meter lange *Stange,* auf der dicke Würste in einer Reihe hingen. Er wanderte von Tisch zu Tisch und legte vor jeden Gast – es waren vielleicht noch fünfzehn bis zwanzig Männer im Raum – eine Wurst. *Lallend* sagte er: Da, ihr Igels, die sind von unserem Vier*zentner*schwein. Damit ihr nicht verhungert.

Stange

Die Gäste taten so, als staunten sie über das Geschenk und dankten ihm wortreich. Sie kannten die ungewöhnlichen Ideen unseres Wirtes seit Jahren, sie nahmen die Würste mit nach Hause, brachten sie aber am andern Tag zurück, oder sie behielten sie und bezahlten sie. Am nächsten Tag, als unser Igel wieder bei Sinnen war, sagte seine Frau wütend: Bist du verrückt geworden? Jetzt vor Weihnachten einfach die Würste zu verschenken? Du machst uns ja arm.

---

*schwanken* – sich unkontrolliert hin- und herbewegen
*lallen* – unsicher sprechen
*der Zentner* – 50 Kilogramm

Igel ließ sich nicht aus der Ruhe bringen. Er trank seinen Kaffee, sah seine Frau dann finster an und antwortete ihr: Was willst du eigentlich, die haben sich doch alle gefreut.

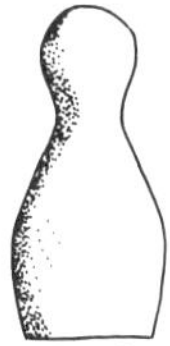
*Kegel*

Warum unser Wirt Igel heißt? Ganz einfach: Jeden Gast spricht er mit du an und sagt: Na, du Igel, wie geht es dir? Bei einem *Kegel*abend übergaben ihm seine Kegelbrüder einen Igel aus Stoff. Der steht jetzt bei den Flaschen hinter der Theke.

Walter Mühldorfer ist ein durchaus normaler Mensch und doch ein außergewöhnlicher, einfach und offen und doch von einer ungewöhnlichen Urteilsfähigkeit. Sein *Gasthaus** ist nicht für jedermann, er läßt nur Gäste herein, die ihm gefallen, und verdient lieber nichts, wenn er mit den Meinungen oder der Nase des einen oder anderen Gastes nicht einverstanden ist. Zum Glück für seine *Wirtschaft** wohnen in unserem Ort nur wenige, die er nicht mag. In unserem Industriedorf, im Osten des Ruhrgebietes, zwischen Dortmund und Hamm, leben Leute, mit denen ein Fremder wenig oder gar nichts anzufangen weiß, die ihm höchstens Angst machen oder die er komisch findet. Diese Gestalten sind unsere *Invaliden.* Sie haben vierzig oder fünfzig Jahre auf der *Zeche** gearbeitet, und nun leiden sie an starker *Silikose* und haben nur noch ein paar Jahre zu leben. Sie gehen jeden Tag und bei jedem Wetter spazieren, außer es ist Nebel zu erwarten, dann liegen sie in ihren Betten und versuchen, Luft zu bekommen, und der *Schweiß* wird, wenn er ausbricht, sofort zu Salz. Einmal am Vormittag, einmal am Nachmittag wandern sie rund um den kleinen Wald, oder sie stehen auf der Autobahnbrücke über der Autobahn Wuppertal-Kamen und sehen mit Verlangen in ihren

---

*der Invalide* – jd, der wegen einer Krankheit oder eines Unfalls nicht mehr arbeiten kann
*die Silikose* – Krankheit der Atemwege, die durch jahrelanges Einatmen von Staub entsteht
*der Schweiß* – Flüssigkeit, die man beim Schwitzen verliert

Gesichtern auf den nie endenden Verkehr hinunter. Wenn sie gegen Abend nach Hause gehen von ihrem Spaziergang, treten sie beim Igelwirt ein, trinken zwei oder drei *Schnäpse* und zwei oder drei Bier. Unsere Invaliden, die durch die gleichförmigen Straßen unseres Ortes oder über die Feldwege wandern, bieten, eng zusammen, ein Bild von Harmonie und Verlorenheit. Jeder hat einen Hund. Die Hunde stören das Bild nicht, machen es nur vollkommen.

Einmal waren gutzahlende Gäste im Lokal – sie kamen von irgendeiner Konferenz –, denen die vielen Hunde nicht gefielen. Das wäre eine Schweinerei, das sei ja unappetitlich, wie einer sagte, und da bleibe einem ja das Würstchen im Halse stecken. Igel, klein, rund, kaum einssechzig groß, wuchs beim Gerede der Fremden hinter der Theke zu doppelter Größe. Als die Fremden nicht aufhörten und das Wort „schweinisches Lokal" fiel – dabei ist seins das sauberste weit und breit –, die Invaliden standen an der Theke vorn und lächelten unsicher, trat der Wirt vor diese Gäste, an denen er schon über hundert Mark verdient hatte, und sagte leise: Die Hunde, meine Herren, gehören zu den Invaliden, und die Invaliden sind auch Menschen und gehören in mein Lokal. Also, schrie er plötzlich, entweder ihr seid einverstanden mit den Invaliden und den Hunden hier, oder... oder ihr verlaßt mein Lokal. Die gutzahlenden Gäste warfen lachend das Geld auf den Tisch und gingen. Als sie draußen waren, an der Tür noch laut protestierten, schrie der Igel ihnen nach: *Haut bloß ab, ihr Igels! Ihr seid wohl vom Mops behopst.* Sie kamen nicht wieder.

Damit war die Sache in Ordnung, keiner sprach mehr darüber. Ich redete mit Igel eines Abends darüber und meinte, mit seiner

---

*der Schnaps* – Alkohol mit vielen Prozenten

*Haut bloß ab, ihr Igels! Ihr seid wohl vom Mops behopst.* – Etwa: Verschwindet endlich! Ihr seid wohl verrückt.

Art würden die zahlungskräftigsten Gäste die Flucht ergreifen und nicht mehr erscheinen. Aber er, so gut unser Verhältnis seit Jahren zueinander auch ist, schrie mich plötzlich an: Du Idiot, du hast wohl den Verstand verloren. So was nennst du Gäste? Wollen mir, mir in meinem Lokal befehlen, was ich darf und nicht darf. Wo gibt's denn so was, die sind ja vom Mops behopst, denen gefallen meine Invaliden nicht, wo gibt's denn so was. Diese *Nazis.*

Wer nicht seiner Ansicht ist, ist bei ihm ein Nazi. In unserem Lokal hat dieses Wort keine politische Bedeutung. Nazi sein heißt einfach, anders zu sein, als der Igel will. Der Igel ist gegen jede Art von Diktatur, aber ich glaube, nur deshalb, weil es nicht seine eigene Diktatur ist.

Die zehn Invaliden geben bei ihm, wenn es hoch kommt, in einem Monat das aus, wofür die hinausgeworfenen Gäste eine Stunde brauchten. Aber Igel legt keinen Wert auf solche Gäste, wegen der Invaliden, die ein Leben lang in 800 Meter Tiefe unter Tage gearbeitet haben. Er fühlt sich ihnen verbunden, obwohl er niemals ihre Arbeit, die Schwere und Gefährlichkeit dieser Arbeit, kennengelernt hat. Vor vielen Jahren einmal hatte er sich, mit anderen zusammen, hinunterfahren lassen. Seine Erklärung, als er wieder Sonne sah: Nicht für fünftausend Mark im Monat möchte ich da arbeiten.

Igel trank gern, er trank von Jugend auf und immer viel über den Durst, und darum hatte er immer Meinungsverschiedenheiten mit seinem Vater, der im Alkohol das Ende der Welt sah. Als Igel dann auch noch ein Mädchen aus der Gegend von Soest zur Frau nahm, durfte er sich zuhause nicht mehr blicken lassen, er wurde ohne viel Worte aus der Familie ausgestoßen, denn seine

---

*der Nazi* – Kurzwort für Nationalsozialist; Mitglied der Nationalsozialistischen Deutschen Arbeiterpartei (NSDAP; 1920–1945; 1. Vorsitzender: Adolf Hitler)

Frau war katholisch. Bei diesen festgesessenen *Westfalen* ein *Verbrechen*. Igel fand das nicht weiter schlimm. Er ging ins Ruhrgebiet, arbeitete einige Jahre in einem *Hüttenwerk**, sparte einiges, trank überhaupt nichts mehr, kaufte später dieses Lokal, weil seine Frau nach dem Tod ihrer Tante einige tausend Mark mit in die Ehe brachte. Er hatte noch jeden Monat Geld an die Bank zu zahlen, aber das macht ihm nichts aus. Heute muß das so sein, sagte er. Jeder feine Mann hat *Schulden*.

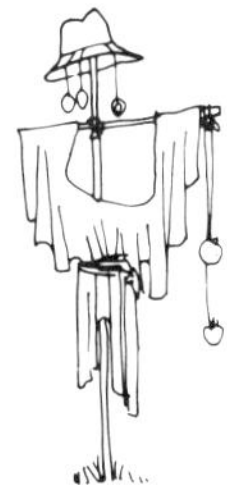
*Vogelscheuche*

Dem Lokal gegenüber wohnte, als sein erstes Kind geboren wurde, eine ältere Dame, von der man nicht wußte, woher sie kam, was sie einmal war. Sie kam in der Nachkriegszeit in unser Dorf. Zu dieser Frau, sie lief wie eine *Vogelscheuche* herum, und die Kinder hatten Spaß und machten sich lustig über sie, fühlte sich Walter hingezogen. Sie war für ihn so etwas wie eine Mutter. Die alte Dame entschuldigte bei ihm alles, sogar sein starkes Trinken. Als Igels Frau ins Krankenhaus mußte, hing Igel nur noch am Telefon, in Schweiß gebadet, und er kam alle paar Minuten über die Straße gelaufen, um schreiend in den dritten Stock hinauf zu berichten, wie weit es mit der Geburt sei. Natürlich hatte er zuviel getrunken und keinen klaren Kopf mehr.

Nachts um zehn schrie er zum erstenmal: Frau Bäuerlein, Tante Emmi, es ist bald soweit, sagt der Doktor.

Ja, Walter, beruhige dich, antwortete die alte Dame von oben liebevoll.

Eine halbe Stunde später stürzte er auf die Straße und schrie: Frau Bäuerlein, Tante Emmi, es ist bald da!

Ja, Walter, beruhige dich, antwortete die alte Dame von oben liebevoll.

---

*der Westfale* – *Westfalen*, Teil des Bundeslandes Nordrhein-Westfalen.
*das Verbrechen* – eine Tat, die sehr schwer bestraft wird
*Schulden haben* – sich Geld geliehen haben, das man zurückzahlen muß

Wieder eine halbe Stunde später schrie er zu der alten Dame hinauf: Frau Bäuerlein, Tante Emmi, der Kopf ist schon da, die Schwester sagt, es wird ein Junge.

Ja, Walter, jetzt nur ruhig, ist ja alles gut geworden, antwortete die alte Dame von oben.

Dann lief Walter tanzend durch die stille Straße, wo die Frauen am Fenster standen, ihn beobachteten und über ihn lachten. Inzwischen bedienten sich die Gäste im Lokal selbst. Aber als das Krankenhaus mitteilte, es sei ja nun doch ein Mädchen, da fiel Walter um. Er hatte sich schon immer ein Mädchen gewünscht.

*Blumenstrauß*

Das Lokal stand drei Tage offen, niemand wußte, wo Igel war, und als er doch am vierten Tag seine Frau im Krankenhaus besuchte, einen außergewöhnlich großen *Blumenstrauß* in seinen Händen, da wollten ihn die Schwestern nicht hineinlassen, denn auf zehn Meter roch man den Alkohol. Er schob sie weg und schrie: Ihr seid wohl vom Mops behopst, ihr Igels. Die Schwestern holten den dicken Krankenpfleger. Sie fürchteten, Walter werde sich in den Raum drängen, in dem die Babies schliefen.

Unser Wirt hat einen Hund, der schläft mit seinem Herrn im Bett, und seine Frau sagt jedem, der es hören will: Mein Mann ißt nichts ohne den Hund. Und nachts? fragen die Gäste. Sie sagt lachend: Da muß ich erst den Hund fragen. Wer unseren Wirt kennt, der weiß viel über unseren Ort.

In der Igel-*Kneipe** treffen sich der Fußballverein und der Kegelverein „Gut Holz“. Es ist natürlich, daß es manchmal Meinungsverschiedenheiten gibt. Aber unser Igel steht, auch wenn er zuviel getrunken hat, über all diesen Dingen, er bringt das auf seine Art in Ordnung; Politiker könnten zu ihm in die Lehre gehen. Die Gäste sagen: Wenn der Igel das macht, dann ist es schon in Ordnung.

Als das zweite Kind kam, eine lebensgefährliche Geburt, mußte seine Frau vier Wochen im Krankenhaus bleiben. Igel brachte sein Erstgeborenes zu Verwandten nach Soest und machte alles alleine, allerdings nur bis 22 Uhr. Dann war er *betrunken.* Er bat die Gäste, sich selbst das Bier und die Schnapsflaschen zu holen und sich zu bedienen. Ihr wißt ja, wo die Sachen zu finden sind, sagte er, setzte sich an einen Tisch und schlief. Jeder achtete genau darauf, daß er auch zahlte, was er getrunken hatte. Die Gäste schlossen nachts um eins das Lokal ab und brachten Igel zu Bett – zusammen mit seinem Hund Axel. Der Hund stört nie, er ist einfach da.

In Igels Kneipe im Dorf treffen sich die *SPD*-Mitglieder. Natürlich kommen auch *Schwarze,* wie die *CDU*- Leute genannt werden, in die Igel-Kneipe. Dann beginnen lautstarke Diskussionen, in denen nicht gerade zarte Worte fallen. Kommt es einmal zu ernsten Meinungsverschiedenheiten, springt Igel zwischen die Parteien, hebt die Arme hoch und schreit: Ruhe, ihr Igels. Damit wir uns klar verstehen: CDU sind auch Menschen. Pause. Dann: Wenigstens in meiner Kneipe.

Hilft selbst das nichts, springt Walter auf einen Tisch, fängt wie ein Verrückter an zu tanzen und singen. Spätestens nach zwei Minuten singen alle mit. Drei Tische sind bei dieser Tanzerei schon kaputt gegangen. Walter sagt von sich: Ich bin der geborene Demokrat. Aber er ist in Wirklichkeit nur deshalb gegen Diktatur, weil es nicht seine Diktatur ist. Vor einem Jahr hatte ich einen Korrespondenten der Moskauer Prawda zu Besuch. Natürlich wollte auch der einmal sehen, was in einer Ruhrgebietskneipe los ist. Also ging ich mit Grigorowitsch zum Igel.

Anfangs wußten sowohl Igel als auch seine Gäste mit dem Russen, der ein fehlerfreies Deutsch sprach, nichts anzufangen. Zwar

---

*betrunken sein* – zuviel Alkohol getrunken haben
*SPD* – Sozialdemokratische Partei Deutschlands
*der Schwarze* – hier: Mitglied einer katholischen Partei
*CDU* – Christlich-Demokratische Union

sagte Igel mehrmals zu den Gästen, die den bösen Kommunisten ärgern wollten – nur so zum Spaß, natürlich –: Also, Kinder, Kommunisten sind auch Menschen. Aber die Stimmung in der Kneipe blieb gespannt, und ich fürchtete, es werde einen unangenehmen Abend geben.

Als Igels Frau die Bedienung an der Theke übernahm, setzte sich Igel zu uns. Selbstverständlich brachte er drei Schnäpse mit auf seine Rechnung. Wir unterhielten uns, erst über das Wetter, dann über das Bier, dann über Schnaps, dann über Moskau. Während der Unterhaltung fanden wir heraus: Igel war einige Jahre in russischer Kriegsgefangenschaft gewesen, mein Gast aus Moskau einige Jahre in deutscher. Grigorowitsch lebte jetzt in dem Stadtteil Moskaus, in dem Igel damals Steine getragen und Gräben für die Wasserleitung gegraben hatte. In ein Meter siebzig Tiefe sollte die Leitung verlegt werden. Igel erzählte dem Russen, sie hätten die Gräben nur siebzig Zentimeter tief gegraben, schließlich mußten sie ja in einer bestimmten Zeit fertig sein. Und sie wurden fertig.

Schweigen.

Saboteur, rief plötzlich mein Gast. Deshalb platzen dauernd im Winter die Wasserleitungen. Saboteur.

Grigorowitsch sprang auf, Igel ebenfalls. In der Wirtschaft war atemlose Stille. Plötzlich schrie mein Gast ein paar Worte auf russisch, Walter antwortete ebenfalls russisch. Grigorowitsch schrie russisch, Walter antwortete ebenfalls in Russisch. Sie sprangen in die Mitte des Lokals, standen sich gegenüber, alle glaubten, jetzt werden sie aufeinander losschlagen. Wohin ich sah, Gesichter, weiß vor Schreck. Die beiden gingen in die *Hocke,* tanzten, schrien sich an, tanzten plötzlich einen *Krakowiak* ohne Musik, wie ich ihn vorher niemals sah.

*Hocke*

---

*der Krakowiak* – polnischer Nationaltanz

In wenigen Sekunden bildete sich ein Kreis um die beiden. Alle *klatschten* mit, als hätten sie die Melodie von Jugend auf gelernt. Karl Siebert, von dem man wußte, daß er viel russische Volksmusik besaß, wurde weggeschickt, sie zu holen, und bis zum Morgen gab es in der Kneipe nur russische Musik, und einige hatten so viel getrunken, daß sie zu den traurigen Liedern weinten.

Am Morgen waren alle volltrunken. Grigorowitsch und Walter küßten sich am Morgen, sie schreiben sich noch heute manchmal. Seit dieser Nacht hängt folgender Satz über der Theke: Lieber Gast, Kommunisten sind auch Menschen.

Wie gesagt, Walter ist gegen Diktatur, solange sie nicht seine eigene Diktatur ist – auch eine Art von Demokratie, wie mir scheint. Ein Besuch in unserer Kneipe ist der Mühe wert – besuchen Sie uns doch mal – sie liegt zwischen Dortmund und Hamm, Sie werden sie sicher finden, denn Sie wissen doch: Unser Wirt ist gegen jede Diktatur, solange es nicht seine eigene ist. Das ist immerhin etwas, darüber läßt sich reden.

*1. Die Erzählung besteht aus mehreren Episoden (= kleine Geschichten). Finden Sie für jede Episode eine Überschrift.*

*2. Ein Igel stellt seine Stacheln auf, wenn Gefahr droht. Mit seinen Stacheln wehrt er alle Angreifer ab. „Igel" ist der Spitzname des Wirtes. – Finden Sie, daß dieser Name zu ihm paßt?*

*3. Der Autor der Erzählung findet den Wirt*

| | |
|---|---|
| □ *sympathisch* | □ *außergewöhnlich* |
| □ *verrückt* | □ *interessant* |
| □ *undemokratisch* | □ *unappetitlich* |

*Kreuzen Sie an, was Ihrer Meinung nach stimmt.*

---

*klatschen* – die Hände zusammenschlagen

# Max von der Grün

wurde am 25. Mai 1926 in Bayreuth geboren. Nach der Schule machte er eine kaufmännische Lehre. Anschließend wurde er Soldat. 1944 kam er in amerikanische Kriegsgefangenschaft. 1951–1964 arbeitete er als Bergmann im Ruhrgebiet.

Seit 1953 schreibt Max von der Grün Gedichte, Romane, Erzählungen und Literaturkritiken. 1961 hat er die „Gruppe 61" mitgegründet. Zu dieser „Gruppe 61" gehörten Schriftsteller, Kritiker, Journalisten und Lektoren, die sich als Künstler kritisch mit der industriellen Arbeitswelt auseinandersetzen.

Bekannt wurde Max von der Grün durch seine sozialkritischen Romane, die im Ruhrgebiet spielen (z.B. „Irrlicht und Feuer". 1963). Weitere Bücher von Max von der Grün sind: „Am Tresen gehen die Lichter aus." (1972); „Menschen in Deutschland (BRD)." (1973); „Stellenweise Glatteis." (1973); „Leben im gelobten Land. Gastarbeiterporträts." (1975). In den letzten Jahren hat Max von der Grün auch Kinder- und Jugendbücher geschrieben; z.B. „Vorstadtkrokodile." (1976) und „Wie war das eigentlich? Kindheit und Jugend im Dritten Reich." (1979).

Die in diesem Band vorliegenden Erzählungen sind in den sechziger Jahren entstanden.

---

**Abkürzungen**

| | |
|---|---|
| Subst. | Substantiv |
| jd | jemand |
| jdn | jemanden |
| jdm | jemandem |
| fam. | familiär |